文豪ストレイドッグス

BUNGO STRAY DOGS

公式ガイドブック 開化録

INTRODUCTION

架空の都市ヨコハマ。
登場するは、文豪の名を懐く者たち。
その名になぞらえた異形の力が火花を散らす――
孤児院を追い出され、餓死寸前の青年・中島敦が出会ったのは、
自殺嗜好の男・太宰治と、理想主義の男・国木田独歩だった。

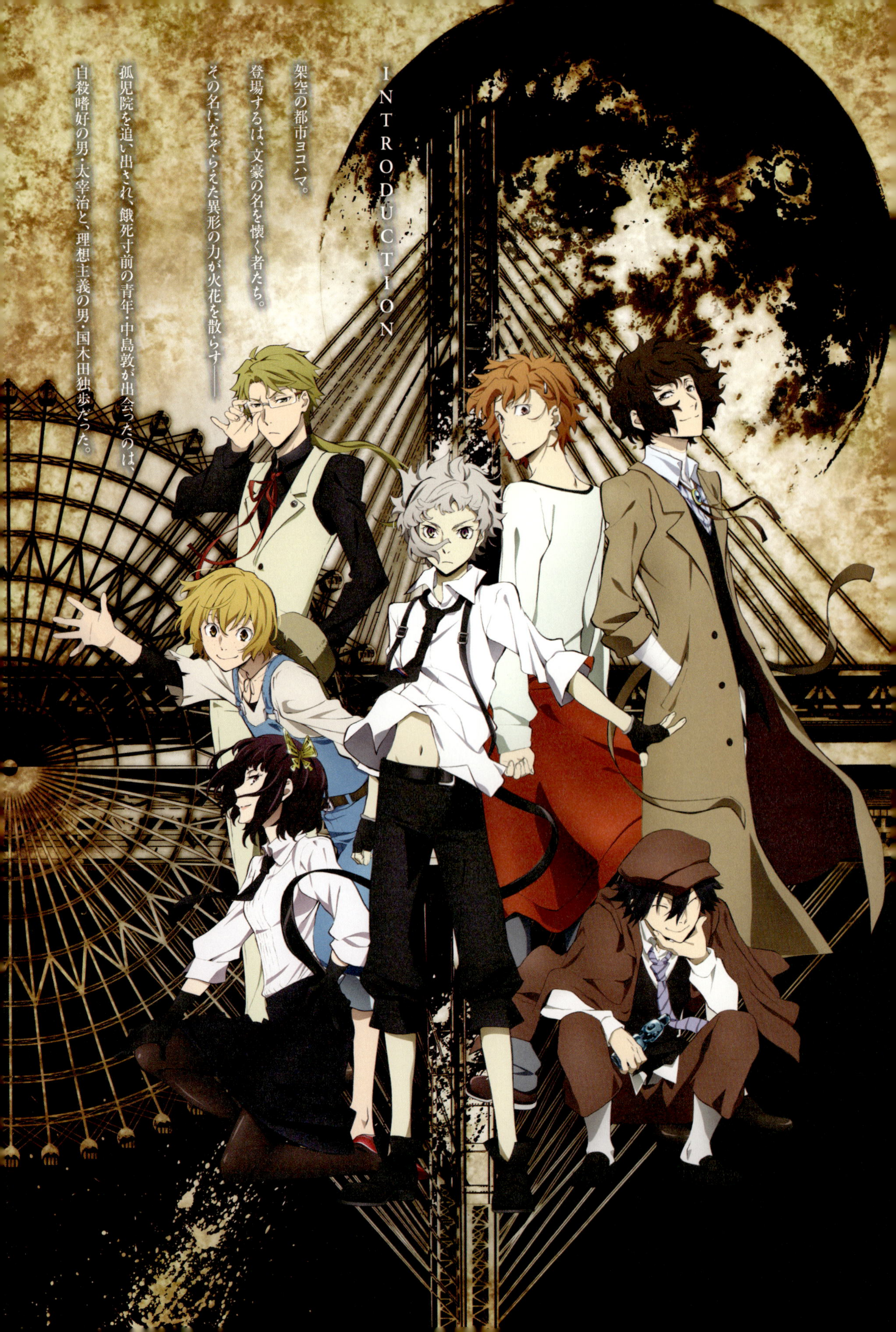

彼らは荒事解決を請け負う「武装探偵社」の社員であり、
特殊な力を使うことができる異能力者でもあった。
そんな異能力者が集まる「武装探偵社」と、
周辺地域を牛耳るポートマフィアとの抗争が勃発。
敦はその渦中に巻き込まれていく……。

人物相関図

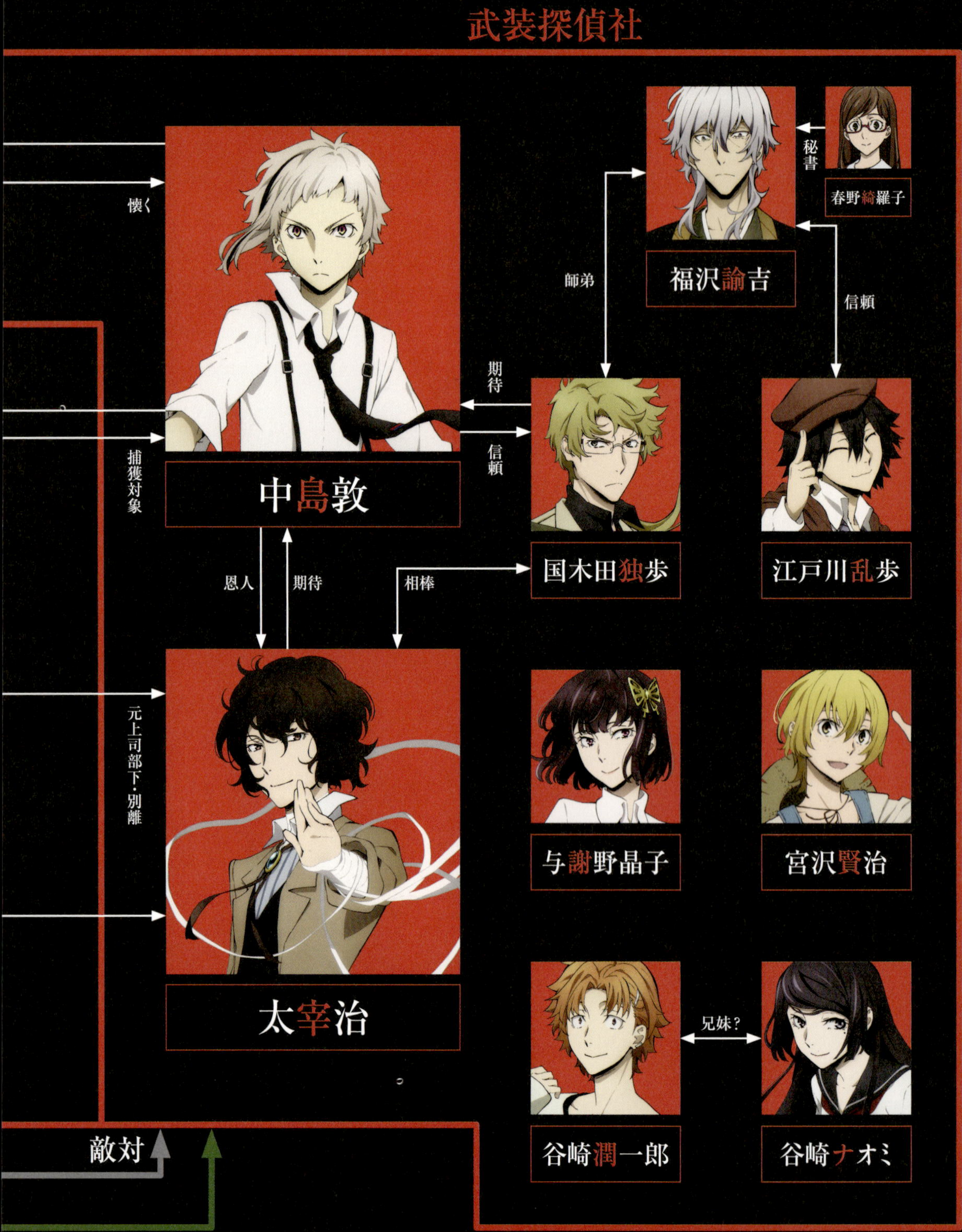
武装探偵社
懐く
捕獲対象
元上司部下・別離
敵対
福沢諭吉
秘書
春野綺羅子
師弟
信頼
期待
信頼
中島敦
国木田独歩
江戸川乱歩
恩人
期待
相棒
太宰治
与謝野晶子
宮沢賢治
兄妹?
谷崎潤一郎
谷崎ナオミ

Bungo Stray Dogs

Character Diagram

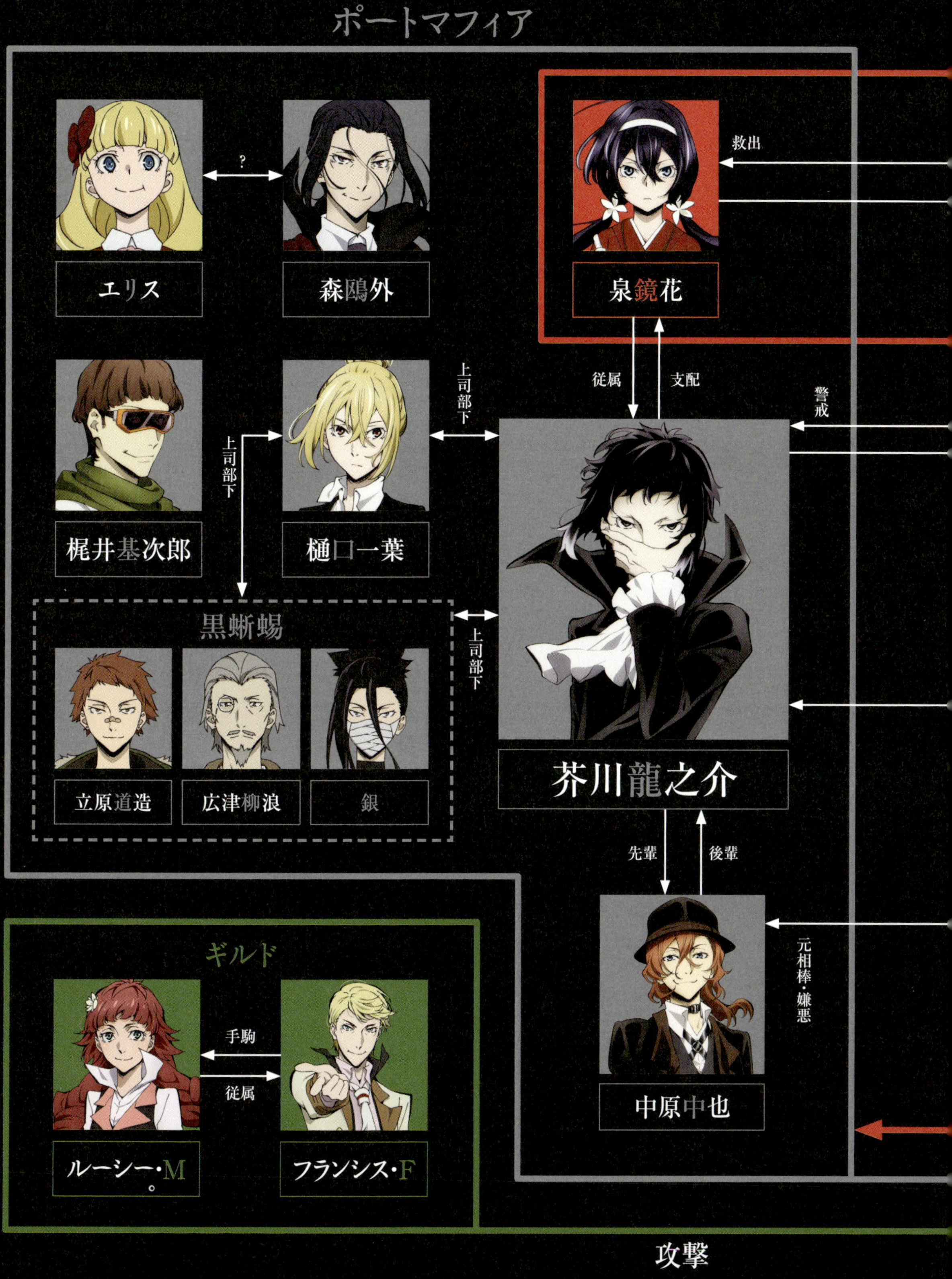

C O N T E N T S

調査報告書 壱

武装探偵社

BUNGO STRAY DOGS

中島敦
太宰治
国木田独歩
江戸川乱歩
谷崎潤一郎
宮沢賢治
与謝野晶子
福沢諭吉
谷崎ナオミ
春野綺羅子

Nakajima Atsushi
Dazai Osamu
Kunikida Doppo
Edogawa Rampo
Tanizaki Junichiro
Miyazawa Kenji
Yosano Akiko
Fukuzawa Yukichi
Tanizaki Naomi
Haruno Kirako

BUSOTANTEISHA
Character Profile

Nakajima Atsushi

中島敦

能力名――月下獣（げっかじゅう）
肉体を白虎に変える。
その戦闘力は未知数――。

CV 上村祐翔

人は誰かに
「生きていいよ」
と云われなくちゃ
生きていけないんだ！

肉体を獰猛な虎に変え〝守る〟ために戦う

孤児院を追われ、ヨコハマの街を彷徨《さまよ》っていた時、鶴見川を流れる太宰を救う。その出会いをきっかけに武装探偵社に入社した。右側の髪を伸ばしたアシンメトリーな髪型と尾を連想させる長いベルトが特徴的。

気弱で頼りなさそうに見えるが、有事の際には自らを犠牲にしても他者を守らんと大胆な行動をとる。「自分には生きる価値がない」とたびたび口にするが、実は誰よりも〝生きること〟に執着している。孤児院で受けた虐待の記憶に苛《さいな》まれ、自分の生きる意味や存在意義を求めている。そして、自分の存在が他者を損なうことをとても恐れている。そんな敦にとって、武装探偵社は初めて出来た〝居場所〟。「社の看板を汚す真似をするな」という国木田の言葉を胸に、太宰におちょくられつつも、日々精進している。

巨大で獰猛な白虎に変身する異能力の持ち主。入社前までは、無意識に変身していたが、精神的な成長に伴い、徐々に能力の制御も可能になってきた。だが、まだ戦闘は荒削りで未熟な部分が多い。

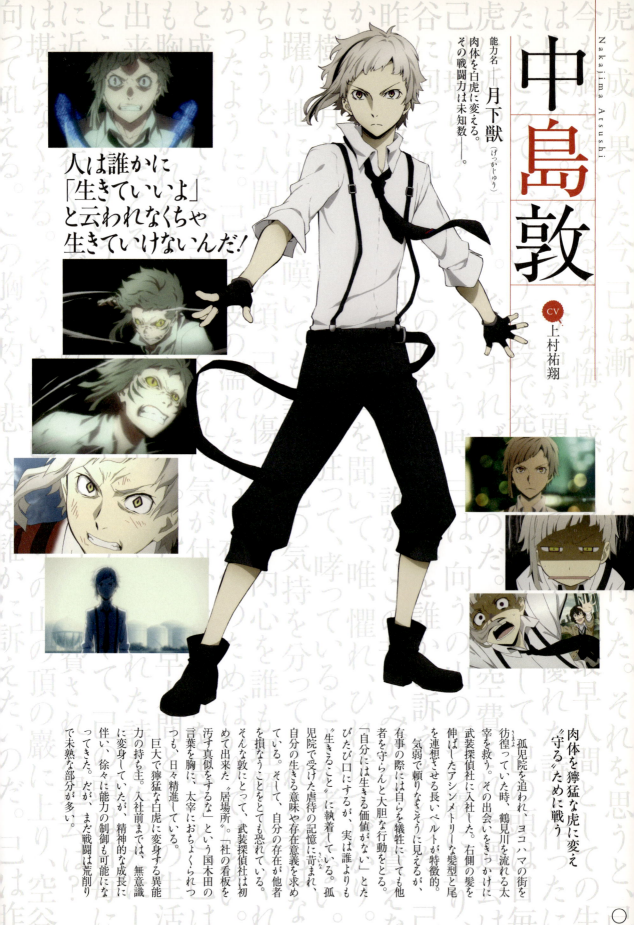

【プロフィール】

中島敦

Nakajima Atsushi

年齢 ◉ 18歳

身長 ◉ 170cm

体重 ◉ 55kg

自分が思う長所と短所 ◉ 短所は気が弱い所、長所は自分ではよく判らない

好きなタイプ ◉ 優しい人

今、欲しいもの ◉ お茶漬け

座右の銘 ◉ 生きているならいいじゃない

ヨコハマのお気に入りスポット ◉ 商店街

能力 月下獣

GEKKA-JU

巨大な白虎に変身する。その肉体は極めて強靭であり、銃弾を撃ち込まれても跳ね返すうえ、再生能力も備えている。虎化すると獰猛になり、敦自身にもその動きを制御出来なくなる。しかし、戦闘の経験を積むと能力の制御が出来るようになっていき、腕や脚だけなど部分的に虎化する力を身に付ける。

敦は無意識下にある己の虎の影に怯えていた

白虎に変身してしまうと、人としての意識はなくなる

太宰が能力を無効化。初めて虎化した自分の腕を見て驚愕！

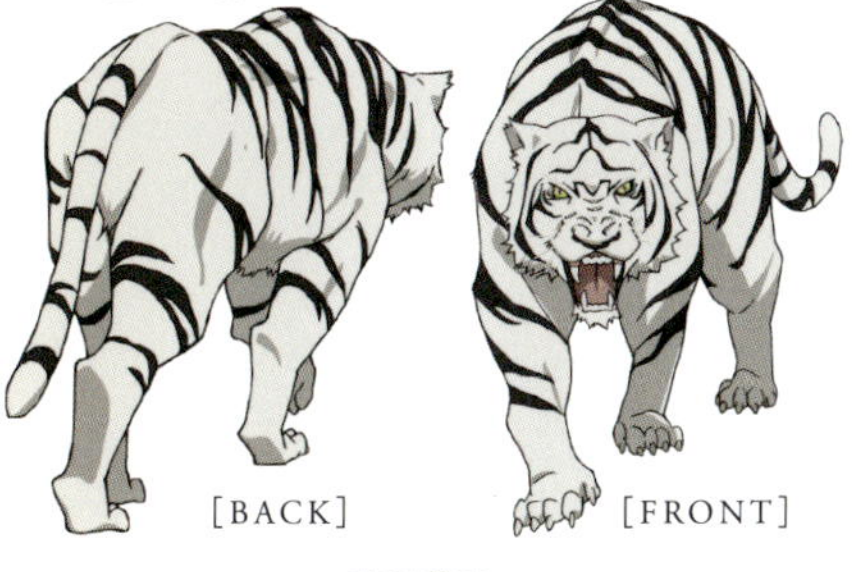

黒い縞模様の白虎。強靭な力と俊敏さを併せ持つ。最初は制御不能だった

人虎状態の敦。能力を制御出来るようになった敦は、身体の一部を虎化して戦う

中島敦の回想録

太宰と出会い、武装探偵社で成長していく彼の生きる道

其ノ壱

孤児院で虐待され存在意義を探求していた

「出て行け！　お前などこの孤児院にも要らぬ」「どこぞで野垂れ死にでもした方が、世間様の為よ！」。孤児院で投げつけられた悪意に満ちた罵倒は、敦の心に残り続け、事あるごとに再生される。親に捨てられ、孤児院から放逐され、どこにも居場所がない孤独な存在だった。

「野垂れ死にだと？　僕は死なないぞ、絶対に……何をしても生き延びてやる！」

敦は〝生きる〟ために立ち上がる。

存在を否定され、虐待された孤児院の記憶が敦を苛む

▶孤児院時代の幼い敦

虐げられ、いつも怯えていた幼い敦。泣き顔や人の顔色を窺うような表情が多い

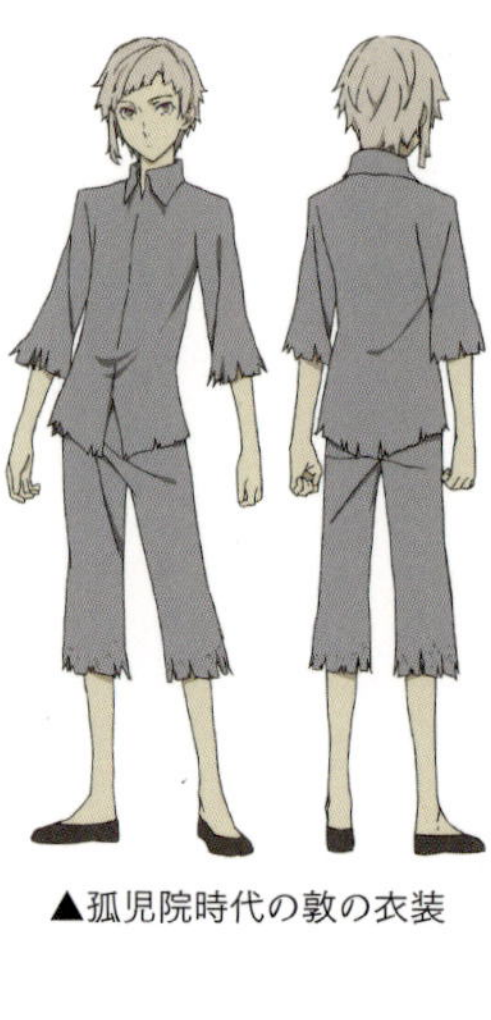

▲孤児院時代の敦の衣装

▲孤児院の院長

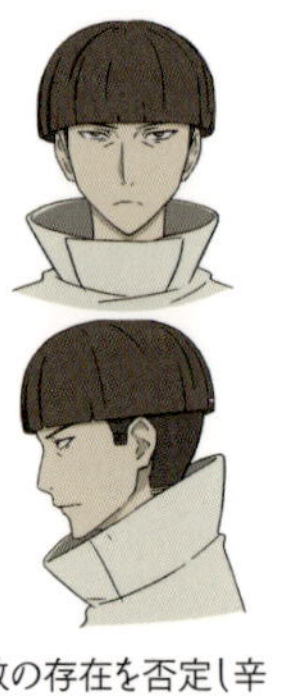

敦の存在を否定し辛く当たっていた。前髪の下からは、冷ややかで鋭い視線が覗く

其ノ弐

初めて得た居場所武装探偵社と仲間たち

敦は虎に変身する異能ゆえ、育った孤児院を追われた。心も体も飢餓状態の敦を受け入れてくれたのは、異能力者の集まる「武装探偵社」だった。敦は生まれて初めて仲間と呼べる存在と居場所を得た。

敦は自分が70億の賞金首と知り、仲間に迷惑がかかるのを恐れ、探偵社を後にする。しかし、敦を狙ったポートマフィアに襲撃された探偵社は、圧倒的な戦闘力で相手を壊滅する。敦は探偵社の凄さを実感し、仲間になりたいと思うのだった。

鏡花を囲んで盛り上がる武装探偵社の面々に呆れ気味の敦

敦は宮沢賢治と仕事の依頼先に出向く。ノー天気な最強コンビが騒動を巻き起こし……

其ノ参

守りたい存在が敦を強く変えていく

鏡花は孤独な少女だった。自分の意志で異能力を操れず、ポートマフィアの芥川に利用され、罪を重ねた。「これ以上、人を殺したくない」と涙する鏡花を、敦は助けたいと思った。鏡花の異能力を止めるため、敦は自分の意志で虎化する。

誰かを守るために戦う――。そのことが、敦に生きる意味を与えた。

敦と鏡花、孤独な魂が出会い物語が動きだす

作家・中島敦とは

1909年(明治42年)、東京の漢学者の一族に生まれた。幼い頃から漢学に親しみ、東京帝国大学を卒業した。私立横浜高等女学校(現横浜学園高等学校)で教鞭を執る。

若い頃から病弱で気管支喘息に悩まされながら、教師と並行して小説を書き始める。後に、パラオ南洋庁へ教科書編纂掛として赴任。戦争の激化と体調不良により帰国する。

『山月記』と『文字禍』で文壇にデビューし、続けて発表した『光と風と夢』が芥川賞候補になる。世間に認められて、わずか8か月後に、気管支喘息が悪化して死去した。

文豪との関係

実在の中島敦は幼い頃、両親の離婚により、祖母と暮らしていたという。両親との縁の薄さは、孤児院で育った敦に通じるものがある。また、女子校の教員時代、明るく気配りができ、女生徒から人気が高かったそうだ。敦も母性本能をくすぐるタイプといえる。

教師時代の経験を元にした『かめれおん日記』という作品があり、敦が好きなものにも「カメレオン」が挙げられている。

中島敦の代表作『山月記』は、国語の教科書にも採用されている名作。主人公の李徴は、大変な秀才であり非常な自信家でもあったが、「臆病な自尊心と尊大な羞恥心」によって人食い虎に変身してしまう。この短編が、異能力「月下獣」の元ネタとなっている。

著作紹介

李陵・山月記 弟子・名人伝

著◉中島敦

『山月記』は漢文調の端正な文章で綴られた短編小説。唐の時代、李徴は詩人になる夢破れて、人食い虎になってしまう。ある日、暗い林の中で旧友に出会う。李徴は自分の数奇な運命を、涙ながらに友に語る。

『文豪ストレイドッグス』コラボカバー
角川文庫

其ノ肆

剥き出しの憎悪 宿命の相手との戦い

芥川は、最初の出会いから敦に剥き出しの憎悪をぶつける。なぜ、こんなにも憎まれるのか――。敦には訳が判らない。

しかし、芥川の残虐な攻撃が仲間や鏡花に及んだ時、敦は全力で戦いに挑む。

芥川の容赦ない攻撃が敦を襲う! 初めての対面で敦は訳の判らないまま戦うことに

敦と武装探偵社

「武装探偵社」のメンバーたちは超個性的。
最初は遠慮がちだった敦も、次第に打ち解け心を開く。
身寄りのない敦にとって、
探偵社の仲間たちはかけがえのない存在なのだ。

餓死寸前の敦を救ってくれた太宰。計り知れない男だが、頼れる先輩だ

武装探偵社の硬派なイメージとのギャップに、敦は戸惑うこととなる

谷崎兄妹のやり取りは妙に色っぽい。敦は目のやり場に困ってしまう

医者である与謝野は、月下獣の能力により再生した敦の身体に興味津々

敦と鏡花

自分では制御出来ない、殺戮の異能力を持つ泉鏡花。孤児だという鏡花に、敦は自分の境遇を重ねる。鏡花を助けたい。自分が武装探偵社に救われたように。そう思った敦は、命がけで戦う!

初めて出会った時、すれ違っただけなのに、敦と鏡花はお互いを意識する

敦と鏡花は、ヨコハマの街で初めてのデート(?)を楽しむ。幸せな時間だ

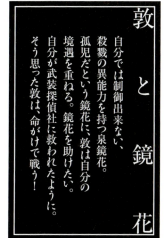

太宰治

Dazai Osamu

能力名——人間失格（ニンゲンシッカク）

直接触れることで、どんな異能力でも無効化する。

CV 宮野真守

今日から君は、
武装探偵社の一員だ！

いつも笑顔の自殺嗜好《マニア》
実は元ポートマフィア幹部

異能力集団「武装探偵社」の社員。変人の集まりである探偵社の中でも、突出した変人。いつも死に場所を求めている〝自殺嗜好〟。中島敦との出会いも入水《じゅすい》自殺の真っ最中だった。毎回、あらゆる手段で自殺を試みるが、いつも失敗に終わる生命力の強さを持つ。自殺はしたいが、痛いのも苦しいのも嫌という我《わ》儘《まま》をのたまい、一緒に心中してくれる美人を探している。

首や腕に包帯を巻いているが、自殺未遂の傷跡を隠しているのかどうかは不明である。相棒の国木田独歩は、彼を「包帯無駄遣い装置」と評している。

飄々《ひょうひょう》とした掴みどころのないミステリアスな男で、誰にも当てられない彼の前職は「探偵社七不思議のひとつ」とも言われる。実は元ポートマフィアの史上最年少幹部。ポートマフィア時代は中原中也の相棒で、芥川龍之介の上司だった。なぜポートマフィアを抜けたのか、武装探偵社に入った訳など、すべてが謎に包まれている。

[FRONT]

[BACK]

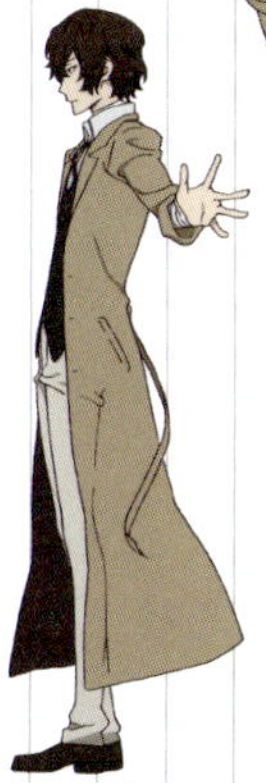

[SIDE]

【プロフィール】

太宰治

Dazai Osamu

年齢◉22歳
身長◉181cm
体重◉67kg
自分が思う長所と短所◉すべてが長所
好きなタイプ◉一緒に心中してくれる人
今、欲しいもの◉お酒
座右の銘◉清く明るく元気な自殺
これまで一番死ぬかと思ったこと◉なし

能力 NINGEN-SHIKKAKU 人間失格

その手で触れただけで、あらゆる異能を無効化する。ある意味、最強無敵の能力。芥川の「羅生門」でも、太宰の前には塵となって霧散する。ただし、相手に接近し、異能力が身体の一部に触れなければならないというリスクがある。また、異能力戦以外では効果が発揮できず、格闘はあまり得意ではない。

虎化して襲いかかる敦の額を、太宰の指先がそっと触れる。猛り狂った白虎も、たちまち敦の姿に戻った

肉体に数字を刻印し、数が減ると死に近づく。呪いにも似た恐ろしい異能力も、太宰には効かない

白虎になった敦。太宰は、獰猛な虎を指先だけで抑え込む

羅生門と白虎の攻撃を、太宰は一瞬にして無効化する

芥川の羅生門が太宰を襲う。しかし、太宰の体に触れた瞬間、首を攻撃していた羅生門は霧散する。異能力によって生み出された如何なるものも、太宰には通用しない

格闘は不得意な太宰。異能力者以外には弱い

太宰治の自殺未遂

自殺嗜好である太宰は、何度も自殺を試みているが死ぬ気配はない

其ノ壱

「良い川だね」と言っていきなり飛び込む

敦との出会いとなった、鶴見川への入水自殺未遂。空腹のあまり、通行人を襲って金品を奪う決意をした敦の心を挫くように、川上から太宰が流れてくる。川の途中で渦に巻き込まれ、くるくると回転したり、鴉にたかられたりしているのを敦は見かねて助け上げる。相棒の国木田曰く、仕事の途中で「良い川だね」と言っていきなり飛び込んだそうだ。おかげで敦は罪を犯さず、代わりに人命救助をすることになった。

上下逆に流されてくる太宰。敦は思わず川に飛び込み助けてしまう

せっかく助けたのに、太宰は「入水の邪魔をされた」と不満な様子。説教まで始める

太宰の愛読書。あらゆる自殺方法が紹介されている稀覯本。薄暗い倉庫の中でも内容が判るほど読み込んでいる

其ノ弐

ドラム缶にはまって抜けられなくなる

探偵社に入った翌日。寮で目覚めた敦は、太宰から〝緊急事態だ〟という電話を受ける。急いで寮の前庭に駆けつけると、頭と両足をドラム缶から突き出した太宰がいた。

体を二つ折りにし、尻からドラム缶に沈んだらしく、途中で引っかかっている。「ドラム缶に嵌まる自殺法を試したけど、苦しいだけで一向に死ねない」という太宰。あきれ果てながら、敦は太宰を助け出す。

太宰は「これ自殺じゃなくて拷問の方法だったのだよ」と言い訳した。

太宰が「死にそう」と電話をするが、探偵社の面々はだれも助けに来てくれなかった

其ノ参

毒キノコと間違えてトリップする

太宰は、愛読書『完全自殺読本』に載っていた致死性の猛毒キノコを食して自殺を試みる。しかし、よく似た違うキノコだった……。一口囓った太宰はトリップし、妄想の死後の世界で大はしゃぎ。いつものことだと取り合わない国木田だが、堪忍袋の緒が切れて、太宰を壁に蹴り飛ばす。

トリップした太宰は「青煙地に這い、月光窓に砕け、西空にピンクの象が舞い踊る!」と暴走

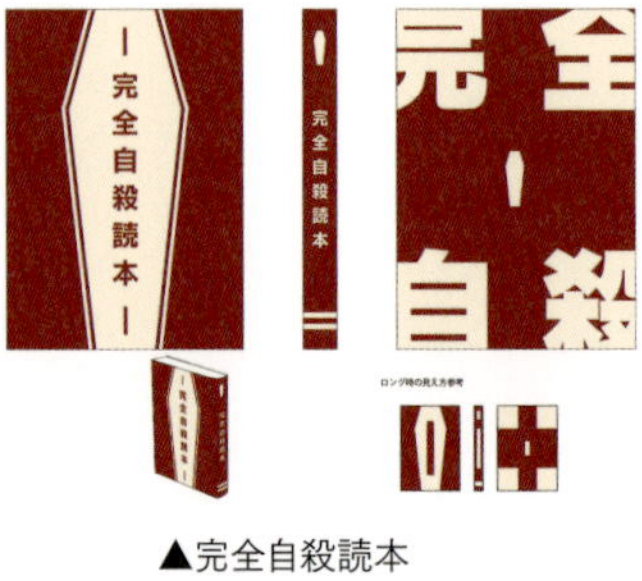

▲完全自殺読本

自殺の為の準備

心中の相手を探して美人を口説きまくる

数々の失敗に学んだ太宰は、美人との心中の道を選ぶ。一緒に自殺してくれる女性を探して、とにかく目につく美人を口説いてまわる。熱心に甘い言葉をかけているのだが、残念ながら、いまだ相手は見つからない。

喫茶店の女給すら、心中相手として狙っているらしい

太宰治と国木田独歩

国木田とは迷コンビ。いつも巫山戯《ふざけ》ている太宰のことを、面倒見のいい国木田は放っておけない。太宰はそれを判っていて、上手に甘えているようだ。

仕事中、いきなり川に飛びこんだ太宰を怒鳴る国木田

所構わず女性を口説く太宰に天誅を加えるのも国木田の役目

2人の視線が交錯する。それだけで、すべてを了解する

「佐々木さんを殺したのは君の正しさだ」と国木田に語る。まれに見る雰囲気の太宰

太宰治と女性たち

太宰は女性とみれば心中を誘うが、実は口説くふりで盗聴器を仕掛けたり、事件の真相を探ったりしている場合もある。本心の見えない男だ。

太宰は樋口を口説くふりをして、彼女のポケットに盗聴器を入れた

太宰は事件の被害者、佐々城信子と接触するが、その本心とは……?

作家・太宰治とは

1909年(明治42年)、青森県北津軽郡の大地主の息子として生まれた。高等学校時代に芥川龍之介に感銘を受け、本格的に創作活動を開始する。東京帝国大学に入学後、井伏鱒二に師事した。短編小説『逆光』が第1回の芥川賞候補になるが、落選する。『走れメロス』『津軽』『斜陽』『人間失格』など、数多くの傑作を発表するが、一方で数々の挫折や麻薬中毒に苦しみ、自殺、心中未遂を何度も繰り返した。

1948年(昭和23年)、ついに東京都の玉川上水で愛人と心中を完遂させる。

文豪との関係

実在の太宰治は、何度も自殺未遂を繰り返したことで有名な作家だ。女性にモテて、絶えず恋人や愛人がいたという。代表作『人間失格』が異能の由来だが、心中好きはもちろん、酒好きも受け継がれている。

武装探偵社の太宰は、ポートマフィアの中原中也を毛嫌いしているが、実在の太宰も中也が大嫌い。作家仲間に「中原中也はナメクジみたいな奴」と罵ったという。

実在の太宰は、芥川龍之介に固執し、芥川賞を欲しがったという。落選したとき、選考委員だった川端康成への反論を発表したり、佐藤春夫に「第2回の芥川賞は私に下さい」と懇願したりした。『文スト』の芥川と太宰の関係とは立場が逆転している。

著作紹介

人間失格

著◉太宰治

裕福な家に生まれ、容姿にも恵まれた青年・大庭葉蔵。しかし、他人の本性を恐れるあまり、本音を隠して道化を演じるようになっていく。やがて、上京した葉蔵は、酒と女に溺れ、心中未遂を起こす。

『文豪ストレイドッグス』コラボカバー
角川文庫

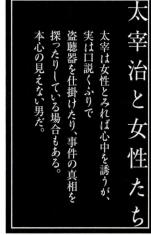

国木田独歩

Kunikida Doppo

能力名——独歩吟客（ドッポギンカク）

一度見て、構造を理解したものを手帳に書くと具現化出来る。ただし手帳より大きなものは不可能。

CV 細谷佳正

武器は銃器が多い。能力で作り出す鉄線銃（ワイヤーガン）を特に愛用しているようだ

これは予定表ではない。
理想だ！
我が人生の道標だ！

予定が狂うことを嫌うため、不測の事態が起きると動揺してしまうことも

理想の探求者にして苦労の絶えない律儀な男

武装探偵社の一員。飽くなき理想主義者。判で押したように物事を進めなければ気がすまない性分だが情に厚く、敦や同僚たちの世話を焼くことは厭《いと》わない。表紙に「理想」と記した手帳を常に持ち歩いており、綴った内容を人生の道標としている。予定が乱れることを嫌い、秒単位の行動をスケジュールに書き込んで行動している。寝る前に毎日2時間手帳の再確認と追記作業をしている。

武装探偵社社長の福沢諭吉が表に出ていない時は、他の社員に仕事の指示を出してまとめ役をこなすなど、サブリーダーの責務を果たしている。仕事に私情を伴うことを良しとせず、常に厳しい態度で事に当たる。一般人相手でも実力行使を辞さないため、ただ情報収集するにしても尋問や脅迫的になりやすいと周りから注意されることも少なくない。

インテリな風貌とスリムな外見をしているが、実は武闘派。その一方で、天然ボケで抜けているため、太宰によくイジられる。武装探偵社に勤める前は数学の教師だったが、前職を話題にされるのを嫌がる。

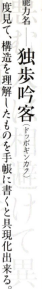

【プロフィール】

国木田独歩

Kunikida Doppo

年齢◉22歳
身長◉189cm
体重◉78kg
自分が思う長所と短所◉長所は完璧たらんとしている所。短所は未だ完璧でない所
好きなタイプ◉唯一の真の理想たる女性
今、欲しいもの◉替えの手帳
座右の銘◉すべきことをすべきだ
太宰に騙されて一番腹が立ったこと◉冬に暖房代わりに怒らされてたと知ったこと

文豪との関係

詩人で小説家でもあった国木田独歩は、現実をありのままに描写しようとした自然主義文学の先駆者。アニメの中で持つ手帳の表紙には、「理想」と記されているが、それは独歩が理想主義者であったことからきている。能力名の「独歩吟客」はいくつもある独歩のペンネームの一つ。佐々城信子は独歩の最初の妻の名前である。独歩も信子もキリスト教信者であったため、横浜の墓地は教会仕様だった。同じく第6、7話に出てくる田口六蔵は『春の鳥』(1904)の登場人物の名前で、主人公が世話する少年であった。現存する写真を見ると独歩はメガネをかけていないが、スーツを着てポーズを取る姿からは抑制的な性格が垣間見られる。アニメではアンダーリムのメガネ、細いリボンタイや燕尾風デザインのベストでそれを表現している。

『文豪ストレイドッグス』コラボカバー
角川文庫

著作紹介

武蔵野

著◉国木田独歩

武蔵野における人間の生活と四季の自然の調和の美を、詩情に満ちた観察力と文体で描写した表題作「武蔵野」をはじめ、国木田独歩自身が選んだ初期の作品全18編が収録されている。100年ほど前にあったこの風景はもう存在しない。

能力

DOPPOGINKAKU

独歩吟客

手帳の頁を消費し、書いたものを具現化できる。鉄線銃(ワイヤーガン)から懐中電灯と様々なものを形にできるが、手帳サイズより大きいものは不可能。一度目にして記憶すれば、たとえ現物が破壊されても生み出せる。つまり国木田が記憶しているものであれば本物同等に偽造することが可能なのだ。

「理想」と記された手帳が国木田の異能力の源だ

頁に書かれた文字を具現化。まさに「理想」を「現実」に

変化させられるものは手帳サイズ以下に限る

江戸川乱歩

Edogawa Rampo

CV 神谷浩史

**僕の能力・超推理は
ひとめ見れば犯人が誰で、
いつどうやって殺したか
瞬時に判るんだよ**

能力名——**超推理**（チョウスイリ）

現場や証拠品を見ただけでたちどころに事件を解決する。本人は異能力だと思い込んでいるが、実は本人の実力によるもの。

自由奔放な乱歩だが、探偵社の要。我が儘な言動もある程度は許されている

彼の「超推理」にかかれば、どんな事件もたちどころに解決してしまう

絶対無二の超推理に解けぬ謎などなし

武装探偵社において、唯一「探偵」として活動を行う。不遜な発言は相手を怒らせることもあるが、遺体に頭を下げるなど最低限の常識は有する。意外にも武装探偵社内の規則を重んじ、拐《さら》われた敦の救出も「彼の個人的な問題」であり、筋が違うと当初は乗り気でなかった。しかし、鏡花がやって来た時に誰よりも浮かれたのは乱歩であった。「僕がよければすべてよし」の座右の銘そのままに周囲とは協調しないが、社長である福沢の言葉には耳を傾ける。福沢が探偵社を設立したきっかけとなった人物であり、乱歩なりにも探偵社のあり方を考えているようだ。

実は異能力者ではないことを本人以外の誰もが知っているが、異能力に匹敵する「超推理」によっていかなる事件の真相も見抜く。そのため日本各地から依頼が舞い込み、不在とすることも多い。携帯電話から推理を披露したこともある。

探偵社にいる時はお菓子を食べて新聞の4コママンガを読んでいることが多い。1人では列車にも乗れないなど、世間知らずな面もある。

【プロフィール】

江戸川乱歩

Edogawa Rampo

年齢◉26歳

身長◉168cm

体重◉57kg

自分が思う長所と短所◉すべてが長所

好きなタイプ◉甘やかしてくれる人

今、欲しいもの◉すべて持っているので特になし

座右の銘◉僕がよければすべてよし

好きなお菓子◉多すぎて挙げられない

文豪との関係

ネーミングは日本の探偵小説の始祖・江戸川乱歩によるが、作家の乱歩本人も平井太郎の本名ではなく世界初のミステリを書いたとされるエドガー・アラン・ポオをもじったペンネームを用いた。作家の乱歩は時期によって人間嫌いで放浪癖があったが、歳を重ねるごとに社交的な人物になっていった。当時の一部メディアによって薄暗い土蔵で執筆している異様な作家と報道されたこともあるが、実際は「乱歩おじさん」と親しまれた優しい人物であった。自分の作品に嫌悪して休筆したこともしばしばで、ここは自信に満ちあふれたアニメの乱歩とは正反対である。しかし名探偵・明智小五郎の活躍する作品の執筆や数多くの評論、後進の育成にも力を注いだ多大な業績から、「大乱歩」と称揚され、現在も新たなファンを生み続けている。

『文豪ストレイドッグス』コラボカバー
角川文庫

著作紹介
D坂の殺人事件

著◉江戸川乱歩

本郷のD坂こと団子坂に店を構える古書店で発生した事件に、明智小五郎が挑む。日本を代表する名探偵の初登場作であり、作中では谷崎潤一郎の「途上」への言及もある。江戸川乱歩を読むならまず本作からだ。

能力

SURER-DEDUCTION

超推理

メガネをかけて能力を発動させると、わずかな手がかりから瞬時に事件の真相を見抜くことができる。と、思っているのは本人だけで、実は卓越した推理能力を発揮しているだけにすぎない。しかし、犯人も依頼者も驚くほど正確な推理は、異能力以上に驚嘆すべきもので、武装「探偵」社の看板そのものである。

称賛に「当然だね」と乱歩は笑うが、実力は折り紙付き

眼鏡をかけることで、乱歩の「超推理」にスイッチが入る！

普段とはうって変わった鋭い眼光から、犯人は逃れられない

谷崎潤一郎

Tanizaki Jun-ichiro

能力名——細雪（ササメユキ）

周りに雪を降らせることで空間をスクリーンのように使い、幻影を投影する。

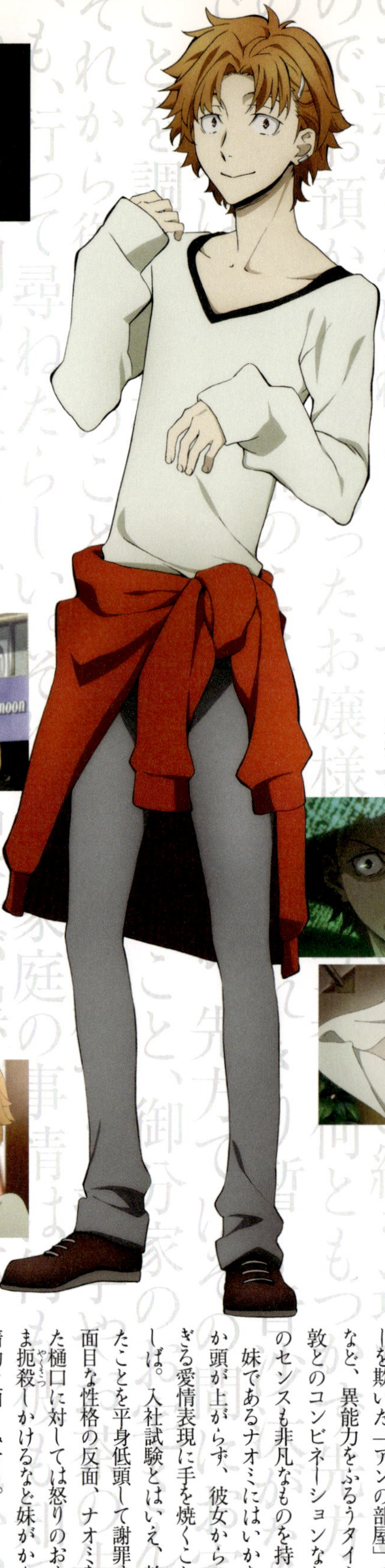

ああ?
チンピラごときが
よくもナオミを
キズつけたね!

妹想いな兄。しかし大胆な妹の言動にはたじたじらしい

兄妹としてお互い大切な存在。危機からは必死に守る

CV 豊永利行

妹ナオミに気圧されがちな頼もしき探偵社の手代

調査や張り込みなど、助手として武装探偵社に勤める青年。基本的に荒事は行わないが異能力「細雪」は戦闘時にもきわめて有効で、敦の危機をたびたび救っている。瀕死の状態から敦を救った対芥川戦、ルーシーを欺いた「アンの部屋」での戦いなど、異能力をふるうタイミングや敦とのコンビネーションなど、戦闘のセンスも非凡なものを持っている。

妹であるナオミにはいかなる理由か頭が上がらず、彼女からの濃厚すぎる愛情表現に手を焼くこともしばしば。入社試験とはいえ、敦を騙したことを平身低頭して謝罪する生真面目な性格の反面、ナオミを銃撃した樋口に対しては怒りのおもむくまま扼殺《やくさつ》しかけるなど妹がからむと激情的な面もみせる。

数多くの任務をこなしているうちに多くのスキルも身につけたようで、なかなか堂に入った爆弾魔の演技もそのひとつに数えられそうだ。余人にはない異能力と場数を踏んだ手代役として、武装探偵社に欠かせぬ一員となっている。

【プロフィール】

谷崎潤一郎

Tanizaki Jun-ichiro

年齢◉18歳
身長◉174cm
体重◉59kg
自分が思う長所と短所◉長所は優しい所、短所は優柔不断な所
好きなタイプ◉自分の意見をしっかり言う人
今、欲しいもの◉ナオミが喜ぶプレゼント
座右の銘◉流され人生、どんとこい
ナオミの言動でドキッとすること◉夜中いきなり×××を××してきて×××された時

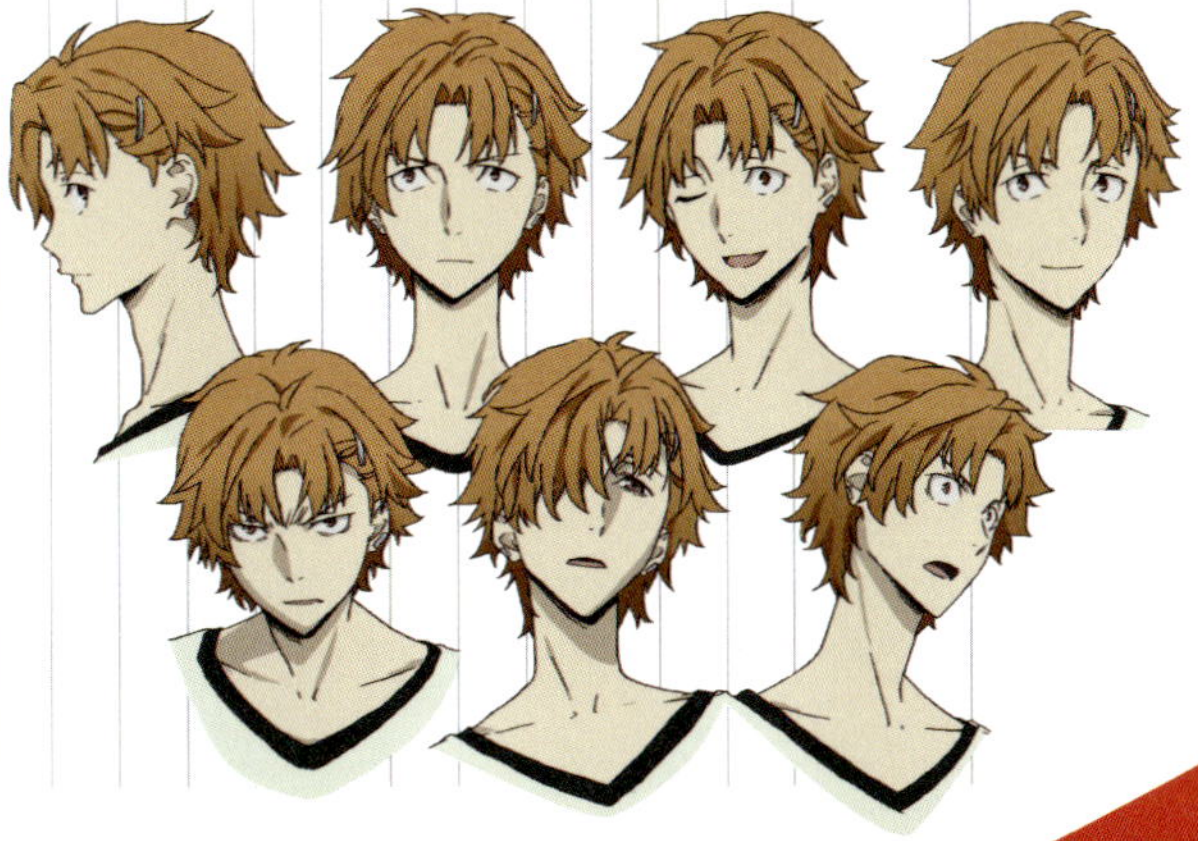

能力 細雪 SASAME-YUKI

周囲に降らせた雪をスクリーンとして、幻影を投影する。相手に自分の姿を見せないため、攻防いずれにもきわめて効果的。敦と共に窮地に陥った対芥川戦、対ルーシー戦でも形勢逆転の端緒となった。能力自体に攻撃力は有していないが、隠密行動や味方のサポートに向いている能力と言えるだろう。

姿をくらましたまま、敵の背後に回って攻撃できる

傷つきながらも異能力を発動し、芥川を欺いた

仲間とのコンビネーションで活躍する能力。連携が鍵となる！

文豪との関係

耽美趣味と芸術性において、谷崎潤一郎は当時から現在まで高い評価を得ており、文字通り「文豪」や「大谷崎」と称されたこともある。『細雪』は異能力の由来となった谷崎の代表作で、美少女ナオミに翻弄される中年を描く『痴人の愛』は、谷崎の妹ナオミの元ネタである。この他、『刺青』『春琴抄』『鍵』『卍』などがよく知られている。また、江戸川乱歩は『途上』を優れた探偵小説（当時の推理小説のこと）に挙げているが、本人によれば謎解きを意識したものではないとのこと。戦後間もないころから近年まで、映像化された作品も多い。作家・谷崎は女性遍歴でも名を馳せたが、『文スト』の谷崎はこれと正反対、妹とナオミと恋人のような仲の良さが描かれている。猫が好きで地震嫌いという谷崎の嗜好も、すべて実在の谷崎からである。

『文豪ストレイドッグス』コラボカバー
角川文庫

著作紹介

痴人の愛

著◉谷崎潤一郎

妻の実妹・小林せい子をナオミのモデルとした、谷崎潤一郎を代表する傑作。男にとって理想とも、反面教師ともとれる愛欲と憎悪に満ちた傑作。アニメの谷崎兄妹の関係に思いを馳せたい。

宮沢賢治

Miyazawa Kenji

能力名――雨ニモマケズ（アメニモマケズ）

怪力と頑丈さを発揮する、身体強化の能力。しかし、空腹時にしか発動しない。

CV 花倉洸幸

牛でも人でも村でも都会でも、素直に気持ちを話せば通じ合えるものです

どこまでも純粋な14歳の少年。しかし異能の怪力は威力絶大!

いつでもニコニコ笑顔。疑うことを知らない純朴さがある

邪気のない心根と怪力でどんな難事件も解決!

電気も電話も通っていない、イーハトーヴォ村で牛を追っていたところを、諭吉のスカウトで武装探偵社にやってきた。都会の暮らしにはまだ不慣れで、通貨のシステムもよく判らず都会の警官の忙しさにも驚きを隠せなかった。

心を開けば誰とでも判り合える、という信念を持っており、人好きのする笑顔には死線をくぐった敦も魅了された。成績は優秀だが、人間離れした怪力「雨ニモマケズ」による事件解決の方法は国木田曰く「オリジナルすぎて」参考にならず、仕事を共にした敦もその身をもって知ることになった。

探偵社では先輩でも新人で年上の敦に「くん付け」を認めたり、街を歩けばヤクザを含む老若男女から声をかけられたりと、明朗な人柄は誰からも愛されている。交渉が決裂してもギルドのメンバーを見送るなど、人の良さは生来のもののようだ。

牛を飼っていたことがあるため触れ合うことはもちろん、食べることも好きで牛丼が好物。しかし、満腹になると寝てしまう。

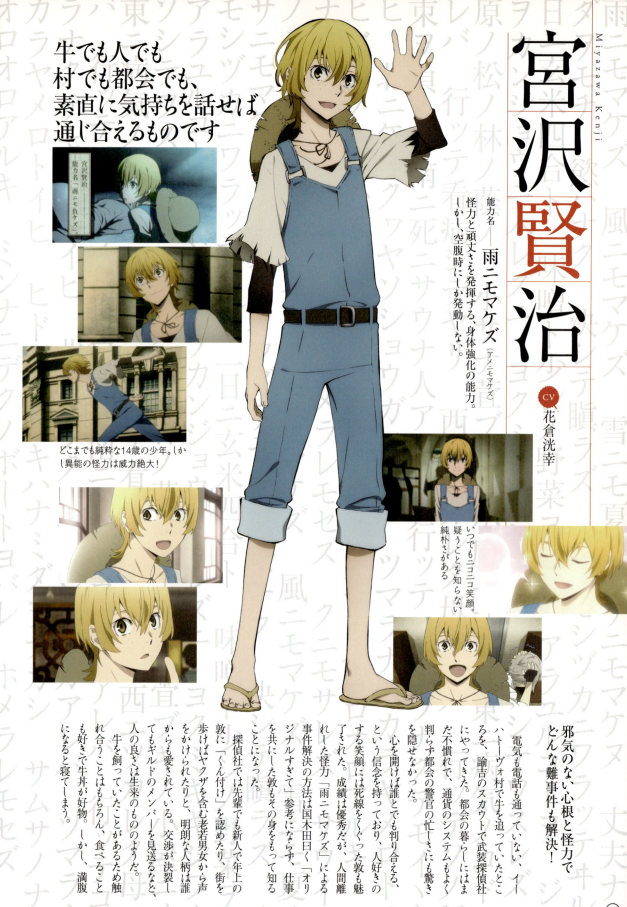

【プロフィール】

宮沢賢治

Miyazawa Kenji

年齢◉14歳
身長◉158cm
体重◉53kg
自分が思う長所と短所◉自分を客観的に見たことがないのでよく判らない
好きなタイプ◉料理の上手な人
今、欲しいもの◉牛舎
座右の銘◉お腹がいっぱいなら大体大丈夫
都会に来て驚いたこと◉携帯電話、とても便利

[FRONT]　[BACK]　[SIDE]

能力 雨ニモマケズ

AMENIMO-MAKEZU

賢治の異能力「雨ニモマケズ」は空腹時に限り怪力を発動、身体も鉄のように頑強となる。しかし満腹になると寝てしまうため、与謝野の「君死給勿」などと同様、使いどころが限定されている。誰もが真似できない賢治オリジナルの仕事ぶりは、この異能力に裏付けされたものだ。

異能力でいともたやすく、自動車を片手で持ち上げる

鉄パイプの直撃を受けても、わずかな痛みを感じるのみ

好物の牛丼を食べてお腹が膨れると寝てしまう

文豪との関係

『銀河鉄道の夜』『注文の多い料理店』『風の又三郎』など日本の童話界に大きな足跡を残した宮沢賢治だが、生前の出版点数はわずかでほぼ無名の存在であった。異能力の由来となった詩『雨ニモマケズ』も、没後に発見された手帳に記されたメモ書きに過ぎない。賢治のいたイーハトーヴォ村とは作中に登場する理想郷のことで、農業の巡回相談を行ったエピソードなどはアニメの賢治にも反映されている。少年時代は「石っこ」と呼ばれるほど鉱物採集に熱中、音楽にも関心が強く多くのレコードを買い集めるなど、多彩な趣味人でもあった。名曲『星めぐりの歌』は、宮沢賢治自身の作詞・作曲である。病身であったことは宮沢賢治の生涯にしばしば暗い影を落としたが、元気にあふれたアニメの賢治は誰からも好かれる気だてのよい少年である。

イーハトーヴォ村は岩手県がモデルらしい

実際の賢治は病弱だった。「雨ニモマケズ」は彼の願望?

著作紹介

銀河鉄道の夜

著◉宮沢賢治

ケンタウル祭の夜、銀河鉄道に乗って旅立った、ジョバンニとカムパネルラ。登場人物の多くは賢治自身や近親者がモデルとされ、宮沢賢治作品はもちろん、日本童話でも屈指の名作として現在まで読み継がれている。

与謝野晶子

Yosano Akiko

CV 嶋村侑

能力名——君死給勿（キミシニタモウコトナカレ）

どんな傷でも治癒させることが出来る。ただし、瀕死の状態でないと治せない。

命を大事にしない奴は、ぶっ殺してやる！

サディスティックな拷問と治癒がセットになっているのが彼女の異能力「君死給勿」だ

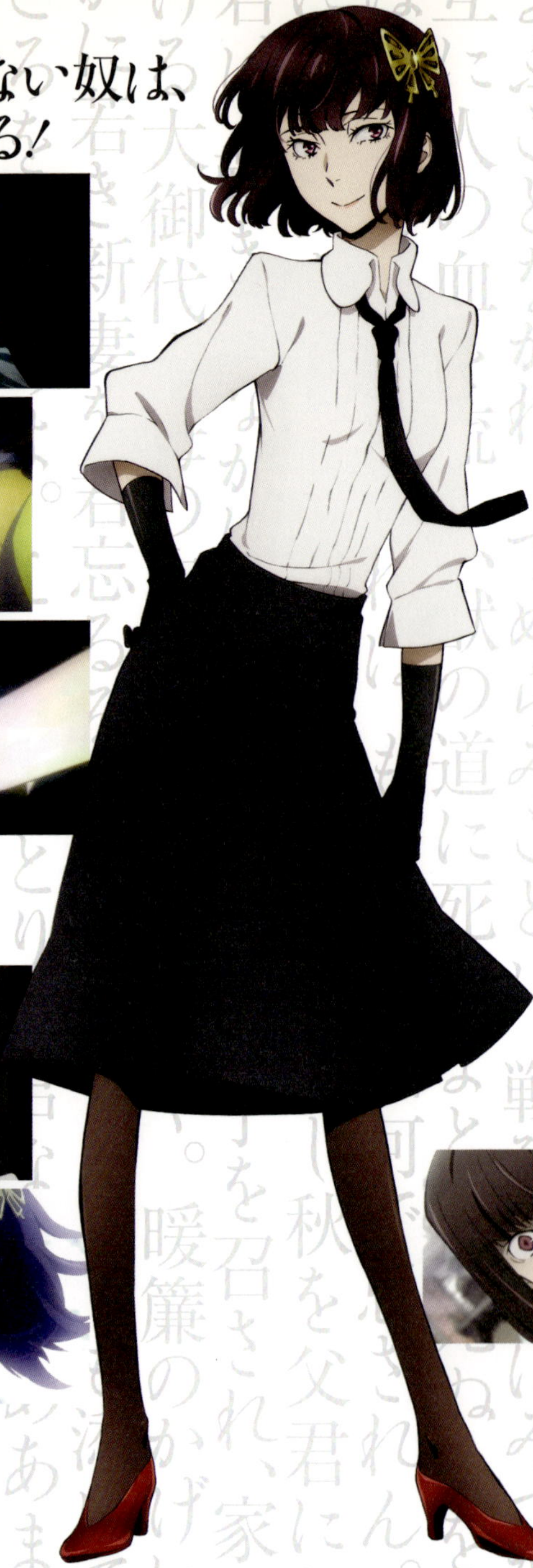

女性として、医者として、自らの主義に反することには真っ向から立ち向かう

武装探偵社の医療を一手に受け持つ女傑

武装探偵社の優秀な専属医。「君死給勿」によってどんな外傷も治すが、軽傷であってもナタなどで身体をバラバラにして瀕死の状態にしなければ、異能力を発揮出来ない。そのことをよく知る探偵社の面々は、与謝野に治療されることをひどく恐れている。しかし、本人は自分の治療法を気に入っているようで、いつも怪我人を探している。いくつも携帯している武器はあくまで解体用で、武道も達者だが乱歩同様に探偵社の守りを固める存在である。

職業がら多くの死を見てきており、助けられなかった患者も数多い。それだけに死を実験と称した梶井基次郎に激昂するなど、死生に対して真摯に向き合っている。敵対勢力から「果断なる婦人」との評価がなされているように、梶井の爆弾実験にも躊躇せず反撃を決心した。

仕事を離れれば、大量のショッピングを楽しむうら若い女性。成金の中年紳士に卑猥な言葉をかけられたように、見目麗しい容姿は人目を惹く。ボブカットに蝶の形をした髪留めもチャームポイントだ。

[プロフィール]

与謝野晶子

Yosano Akiko

年齢◉25歳
身長◉166cm
体重◉52kg
自分が思う長所と短所◉すべてが長所
好きなタイプ◉悲鳴の美しい人
今、欲しいもの◉従順な被験体
座右の銘◉命を大事にしない奴はぶっ殺してやる
好きな拷問器具／拷問方法◉痛いわりになかなか死なないやつ

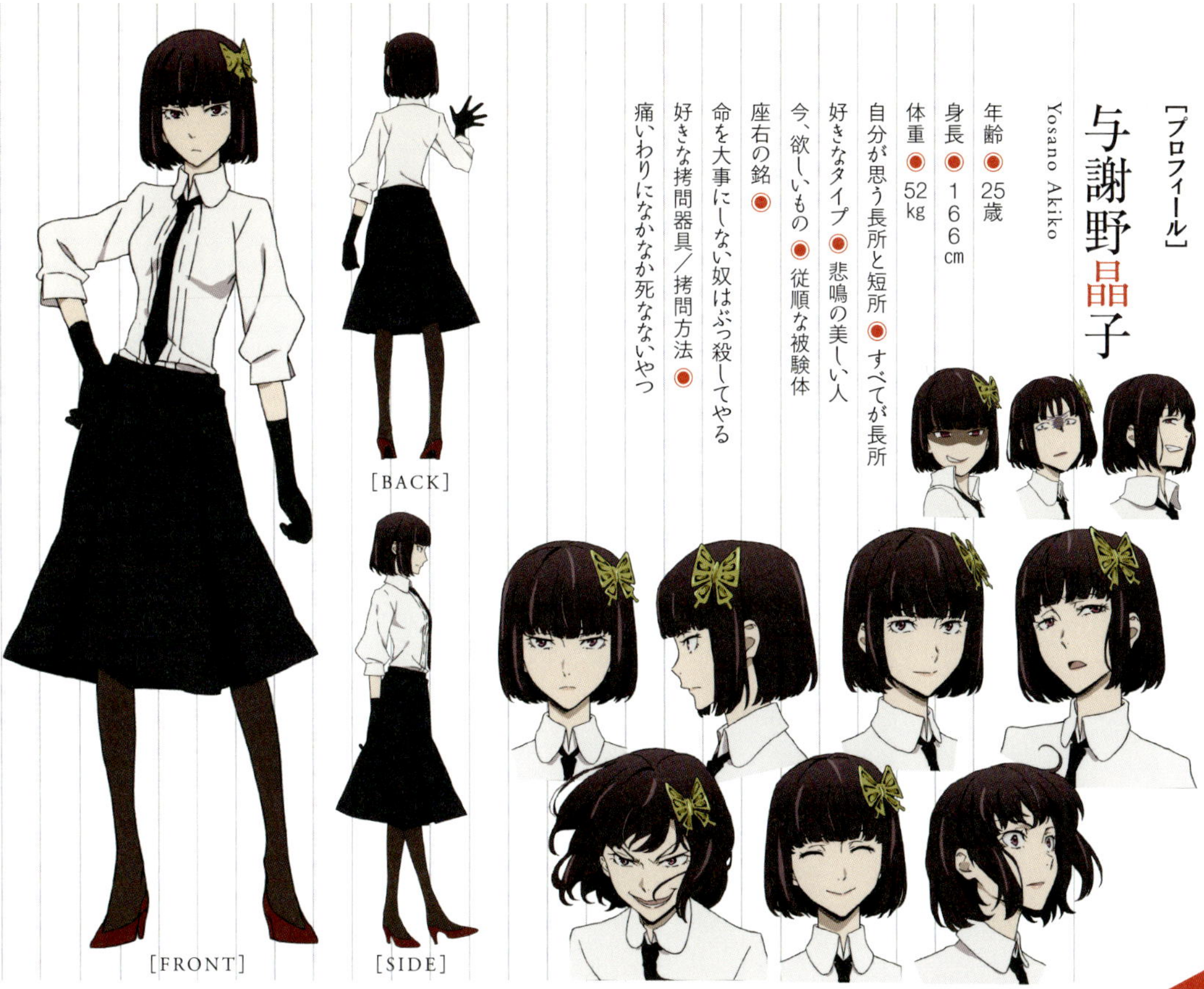

能力 君死給勿

KIMI-SHINITAMOU-KOTO-NAKARE

いかなる外傷も、完全に治癒させることができる。しかし、ほどほどの傷でも半死半生の状態にしなければならないという条件があり、本人も不便と嘆いている。芥川の「羅生門」で重傷を負った谷崎などは、特別コースと称してなぜか薄着となった与謝野に4度も解体されての治療で快癒した。

谷崎に施した、特別コース。その治療の内容はいかに？

傷ついても自らを治療、反撃に転じる。武道もなかなかの腕

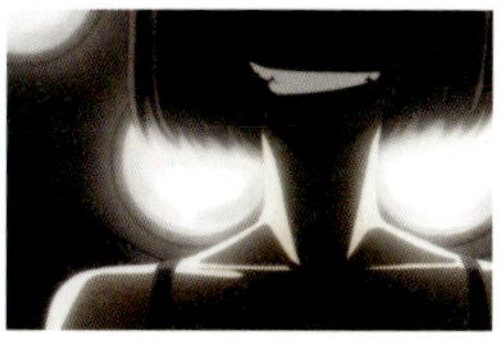
治療に際して、なぜか喜悦の表情を浮かべる与謝野……

文豪との関係

国語の授業で一度は習う「君死にたまふことなかれ」を発表した与謝野晶子。異能力の由来にもなった反戦歌は、与謝野の代名詞そのものである。現実の与謝野晶子は女性解放を説き、当時としては驚くべき行動力に富んでいた。夫・鉄幹とは不倫の末の結婚であり、万事に控え目をよしとする当時の日本女性像の自立を説いた。歌集『みだれ髪』では女性の奔放的な性を表現、物議をかもした。パリへ行く際には森鴎外が旅費を援助しており、ポートマフィア首領が武装探偵社を手助けした図式が興味深い。男女共学も成立させており、男尊女卑を嫌う『文スト』の与謝野に反映されている。『源氏物語』の現代語訳も与謝野晶子の大きな業績だ。晩年まで精力的に活動した与謝野晶子は、颯爽とした魅力にあふれるアニメ版の与謝野そのものだ。

治癒の異能を持ちつつ武術にも長けている「強い女性」

ナタ、剣などの解体道具が大量に収納された診察鞄

著作紹介
戀衣
著◉与謝野晶子

歌人・与謝野晶子を代表する詩、そして第8話のサブタイトルにもなった一節「人を殺して死ねよとて」を含む「君死にたまふことなかれ」を収録した「戀衣」は、共著に山川登美子、増田雅子らも名を連ねる詩歌集だ。

福沢諭吉

Fukuzawa Yukichi

能力名——人上人不造（ヒトノウエニヒトヲツクラズ）

詳細は不明。

CV 小山力也

仲間が窮地、助けねばならん。それ以上に重い理屈がこの世に有るのか

武装探偵社をまとめる社長。その威厳を全身から感じる

寡黙だが、物事にはハッキリとした決断を下していく

武装探偵社の頂点に立つ着流しの壮年

ひと癖もふた癖もある異能力者たちを束ねる、武装探偵社の社長。実務は国木田以下の社員たちに一任しているが、入社試験や重要人物との会見、探偵社を揺るがす非常時などは自ら指揮を執る。

異能力「人上人不造」はいまだ全貌を見せていないが、威厳ある人格者であり乱歩すら文句を言いながらも福沢の命令には素直に従う。他の社員たちも、社長という肩書きではなく福沢の人格そのものに心服しているのだろう。人虎として賞金首となった敦の処遇を太宰に一任したことから、細事は部下に託して自分は責任をとるスタイルのようだ。

敦が捕らえられた際はすべての業務を凍結して救出を優先するなど、近よりがたい雰囲気とは別に誰よりも部下思いの面も持つ。この時、依頼人の官憲に対しては過去の「貸し」でクレームを封じたようで、政・官はもとより裏社会でも相当に顔が利くことが随所でうかがえる。

蒼の使徒からの挑戦や、異能開業許可証の譲渡を迫ったフランシスには断固とした態度で対峙した。

福沢諭吉

Fukuzawa Yukichi

文豪との関係

学校の授業で扱われるため誰もがその名を知っており、現在流通する一万円札の肖像としても福沢諭吉の知名度は非常に高い。敦が属する武装探偵社の看板としてもうってつけの人材である。実際の写真にもある着流しの和装や「外国(とつくに)」などという言葉遣いは、幕末から明治を生きた福沢諭吉の面影を感じさせる。西洋の事物も忌避することなく取り入れたというが、この進取の気性は武装探偵社を経営する諭吉にも受け継がれているようだ。慶應義塾大学ほか現在の専修大学や一橋大学など各種学校を創設した教育者としての功績も大きい一方、居合いの達人という面もあった。驚くほどの酒豪だったことなど、清濁併せ呑む意外なエピソードも福沢諭吉の魅力だ。有力日刊新聞『時事新報』の創刊や、伝染病研究所設立による北里柴三郎の支援など、福沢諭吉の偉業なくして近代日本の発展もなかった。

我が道をゆく乱歩に「褒めてやる」の一言で推理させる

社の魂・異能開業許可証を求める大金にも動じない

著作紹介

学問のすゝめ

著◉福沢諭吉

学問を奨励するだけでなく、明治という新しい時代を迎えた国民に対し、近代国家で生きていくための啓蒙書にもなっている。福沢の異能力は本書に記された「天は人の上に人を造らず」による。

性格について

泰然自若としているが、敵対組織の挑戦など自らの正義に反するものには断固として立ち向かう。

直接指示を下すこともある。難事件に混乱した探偵社も、福沢の登場に足並みが揃う

新人の敦へ期待が高まったのか、煎れたてであることを忘れて口にしたお茶に「熱っ」

武装探偵社の事務員たち

会社組織であるである武装探偵社を支える事務員たち。第9話では全員が敦の探索に加わった。

谷崎ナオミ

Tanizaki Naomi

CV 小見川千明

武装探偵社で事務員として働く、谷崎の妹。血が繋がっているとは思えない容姿で、いつも人目をはばからず兄にまとわりついている。国木田によれば、深く追及しないことが暗黙の了解となっている。文豪・谷崎潤一郎の『痴人の愛』に登場のナオミさながらに奔放な言動とふるまいで兄を当惑させることもしばしばだが、樋口に銃撃された際はためらいなく兄をかばった。敦救出で探偵社内の意見が分かれた時も、業を煮やして社長の諭吉を呼ぶなど思い立ったら行動に移す一面もある。

谷崎は大好きな兄。その危機は身を挺してでも守る

探偵社の事務方としてもきっちり仕事をしている

春野綺羅子

Haruno Kirako

CV 美名

赤いフレームのメガネもお洒落な、諭吉をサポートする社長秘書。事務方たちを取りまとめるのも彼女の役目のようだ。敦の入社を望んでいたのでは、との言葉に諭吉が反論しないあたり、上司の考えも正しく理解している模様。ラムネ瓶からビー玉を取り出して、という乱歩の子どもじみた頼みにも快く応じ、超推理を皆の前で誉めてやる気にさせる細やかな心遣いのできる女性だ。彼女のネーミングも『痴人の愛』に登場の女優による。主人公の譲治は、ナオミとはまた違った魅力に惹かれることになる。

社長の秘書として傍につき、サポートをしている

乱歩のふとしたお願いを、快く引き受ける場面も

調査報告書 弐

ポートマフィア

PORTMAFIA
Character Profile

BUNGO STRAY DOGS

芥川龍之介
中原中也
樋口一葉
泉鏡花
梶井基次郎
広津柳浪
立原道造
銀
森鴎外
エリス

Akutagawa Ryunosuke
Nakahara Chuya
Higuchi Ichiyou
Izumi Kyoka
Kajii Motojiro
Hirotsu Ryurou
Tachihara Michizou
Gin
Mori Ougai
Elise

芥川龍之介

Akutagawa Ryunosuke

CV
小野賢章

能力名――羅生門（ラショウモン）

外套を黒獣に変化させ操ることが出来る。黒獣はあらゆるものを切り裂き、空間さえも切断する。

死を惧《おそ》れよ……
殺しを惧れよ……
死を望む者、等しく死に、
望まるるが故に……

破壊と殺戮に生きるマフィア最強の異能力者

ポートマフィアの筆頭構成員。一人称は「僕（やつがれ）」。常に黒い外套を身に纏う。この外套から黒獣が生み出され、物体はもちろん空間をも切り裂き喰らい尽くす。殺戮に特化した異能力「羅生門」である。

性格は冷酷非道で、その仕事ぶりは情け容赦ない。数々の凶悪事件に関わっているが、軍警も手に負えず、武装探偵社も「芥川には遭うな。遭ったら逃げろ」と恐れている。

幼少時代は貧民窟でどん底の暮らしをしていたが、当時ポートマフィアの幹部だった太宰に拾われた。貧民街から救い出し、生きる意味を与えてくれた太宰に深く執着する。その為、ポートマフィアを裏切り、自分を残して出奔した太宰が許せない。時折、太宰への執着と憎悪に苛まれ、切ない表情を見せる。太宰に気に入られている敦には殺意を露わにしている。

殺しをやめると言う鏡花を「無価値な人間に呼吸する権利はない」と責めるが、それは殺し続ける以外に生きる意味を見出せない、己に向けた言葉なのかも知れない。

【プロフィール】

芥川龍之介

Akutagawa Ryunosuke

年齢 ● 20歳
身長 ● 172cm
体重 ● 50kg
自分が思う長所と短所 ● 長所は雑念がない所、短所は強さが足りない所
好きなタイプ ● 自分の邪魔をしない人
今、欲しいもの ● 師匠の言葉
座右の銘 ● 弱者に生きる価値なし
後悔していること ● 多すぎて書けない

[FRONT]

[BACK]

[SIDE]

能力 羅生門

RASYOMON

身に纏う黒い外套から出現する黒獣を自在に操り、刃や牙に変じさせて敵を切り裂く。黒獣はプラズマのように伸び、あらゆるものを捕食する。刃で空間を切り裂いて断絶を作り、銃弾など敵の攻撃を阻むこともできる。攻守に万能な異能である。黒獣の変化にバリエーションがあるのが特徴的。

黒い外套の先端には獣の頭部にも見える顔がある

飛来する銃弾が、着弾するまでの空間そのものを喰い削る

羅生門の触手で体を高く空中に移動させることも出来る

羅生門の攻撃形態

羅生門・顎（アギト）

黒獣が牙を剥き、喰らい付いてくる。強靭な虎の肉体も切り裂く威力

羅生門・彼岸桜（ヒガンザクラ）

黒い巨大な塊が花が咲くかのように弾け、無数の黒い槍が相手の体を貫く

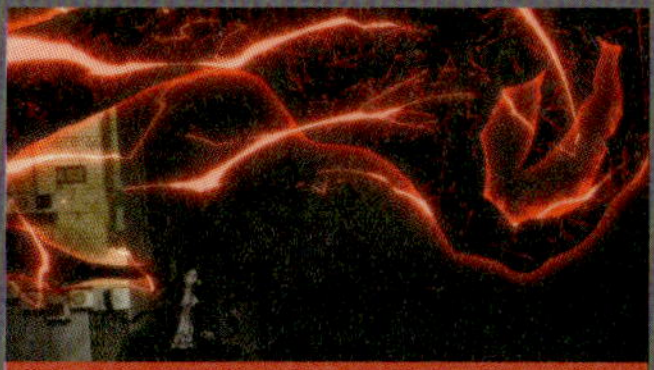

羅生門・叢（ムラクモ）

羅生門の触手から腕部分が発現、巨大な塊となって相手を圧倒する

羅生門・獄門顎（ゴクモンアギト）

巨大な黒獣の顎と化し、鋭い牙が相手の体をかみ砕く。羅生門・顎より破壊力がある

羅生門・早蕨（サワラビ）

地面から無数の小さな羅生門が、剣山のごとく隆起して一気に体を串刺しにする

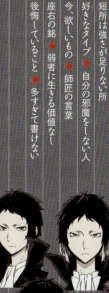

芥川龍之介の犯行記録

ポートマフィアとして冷酷な任務を遂行していく黒衣の男を追う

其ノ壱

**軍警の屯所を襲撃
残虐非道なテロ行為**

凶悪な犯罪組織ポートマフィアは、闇からヨコハマの街を取り仕切っている。表社会でも裏社会でも、組織に歯向かう者は容赦しない。首領直轄の遊撃隊に属する芥川は、常に暴力と死の中枢に生きている。

ある日、軍警の屯所にふらりと現れ、警官2人を異能力「羅生門」で惨殺。時限爆弾を仕掛けて、爆破テロを敢行した。たまたま居合わせた一般市民も巻き込まれたが、芥川は表情ひとつ変えない。

屯所には芥川の指名手配書が張られていた。「この街の軍警は頗る優秀」と冷笑した

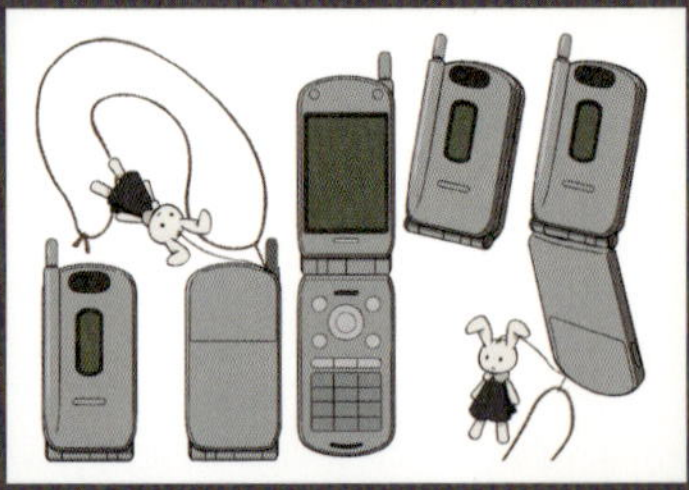

▲泉鏡花の携帯電話

其ノ弐

ポートマフィアに逆らう者は例外なく始末しにかかる

ヨコハマを訪れた旅行客が、11人連続して失踪する事件が起こる。武装探偵社の国木田らが捜査に乗り出し、誘拐犯に辿り着いた。その時、芥川が現れ、「羅生門」の鋭牙が襲いかかる。

誘拐された中にポートマフィアの関係者がいたという。ポートマフィアは彼らに逆らう者、危害を加える者を決して許さない。芥川は誘拐犯の首を刎ねに来たのだ。

芥川は「羅生門」を放って、国木田を圧倒するが……。

国木田は拳銃を数発撃つが、まったく当たらない。冷然と微笑む芥川

芥川と対峙した国木田は、異能「独歩吟客」を発動。機転を働かせて、芥川を退ける

其ノ参

**太宰を拉致監禁
探偵社と全面衝突!**

芥川の姦計により、太宰はポートマフィアに拉致監禁される。芥川に痛めつけられても、太宰は平然とし、マイペースを崩さない。それどころか、芥川に「私の新しい部下は君なんかより、よっぽど優秀」という冷たい言葉を投げつける。

この言葉が、芥川の心を痛めつけ、敦への憎悪を募らせる。

芥川の「羅生門」は太宰に通用しない。太宰の不遜な態度に激高し、素手で殴りつける

携帯電話で鏡花の異能力を操る芥川。鏡花は為す術もなく、これまで35人を殺害

作家・芥川龍之介とは

1892年(明治25年)3月1日、東京に生まれる。生後間もなく母が精神を病み、芥川の人生に暗い影を落とした。幼少時から文学に親しんだ芥川は学校の成績も優秀で、難関である東京帝国大学英文科に入学。在学中に『羅生門』で文壇にデビューする。夏目漱石の門下生となり、菊池寛とともに〝新技巧派〟と呼ばれ、傑作を次々と生み出した。後年、体調を崩して療養生活に入り、精神的にも追い詰められるようになる。3人の子供に恵まれるが、1927年(昭和2年)、睡眠薬自殺で35年の生涯を終えた。

文豪との関係

「人生は地獄よりも地獄的である」。文豪・芥川龍之介の『侏儒の言葉』の一節だ。殺戮に明け暮れる芥川にとっても、人生はさぞかし「地獄よりも地獄的」であろう。実在の芥川は精神を病んだ母親を11歳の時に亡くした。裕福な叔父の養子となるのだが、この時、芥川の心に孤独と不安が棲み着いたのかもしれない。

本作の芥川は貧民街の出身で、やはり孤独の中で不安を抱えて生きていた。どん底の生活から救ってくれた、ポートマフィアの太宰に芥川は大きな執着があるようだ。

しかし、実在の芥川は太宰が18歳の時に亡くなっている。むしろ、太宰が芥川を敬愛しており、大きな影響を受けたと言われる。

著作紹介

羅生門・鼻・芋粥

著◉芥川龍之介

天災によって荒廃した京の都。仕事を失った男が1人、死体が転がる羅生門に佇んでいる。男は餓死するか盗人になるか、決断できずにいた。男の迷いは、死骸の髪を抜く老婆によって大きく揺らぎ……。

『文豪ストレイドッグス』コラボカバー
角川文庫

其ノ肆

人虎である敦を攫い湧き立つ憎悪をぶつける

芥川は鏡花を囮にして敦を捕獲した。敦は密輸船で引き渡しの地へと運ばれていく。瀕死の敦に「弱者は死ね！ 死んで他者に道を譲れ！」と芥川は冷たく吐き捨てる。

鏡花が武器庫を爆破。沈み始めた船上で、芥川と敦の死闘が始まる。

敦を逃がした鏡花を責める芥川。敦への憎悪をたぎらせ、敵意は殺意に昇華する

傷だらけの芥川は初めて、樋口を労る言葉を口にして、その手を握った

芥川の無事と、敬愛する先輩の「済まんな」の言葉に、安堵と喜びの涙を流す

芥川龍之介と樋口一葉

樋口は芥川と同じく遊撃隊の所属。芥川を先輩と慕い、忠誠を誓っている。一方、芥川は樋口を役立たず扱いする。しかし、重傷の芥川が拉致された時、樋口は単身、奪還に向かう。

芥川龍之介とポートマフィア

ポートマフィアは港湾都市ヨコハマの裏社会を牛耳る凶悪な犯罪組織。組織を構成するメンバーの多くは異能力を有する能力者だ。芥川は最も危険視されている。

太宰は芥川の教育係だった。芥川は太宰に愛憎半ばとする感情を抱いている

両親を亡くし組織に拾われた鏡花に、芥川は「生きる意味を与えてやろう」と言う

特に凶暴な実働部隊「黒蜥蜴」。上司の芥川には畏怖と崇敬で従っている

組織の構成員。首領の命令を絶対とし、敵対者を粉砕。芥川にも絶対服従だ

中原中也

Nakahara Chuya

能力名——汚れつちまつた悲しみに（ヨゴレツチマツタカナシミニ）

戦闘系の能力のようだが、詳細は不明。

CV 谷山紀章

太宰のことが嫌いな元相棒何かと因縁があるようだ

ポートマフィアの幹部。黒い帽子がトレードマークで、黒いコートを羽織った、独特のファッションセンスの持ち主。ポートマフィアの中でも力の強い異能力者のようだが、「汚れつちまつた悲しみに」がどのような異能力なのかは不明である。

中也はポートマフィア時代の太宰の相棒だった。2人は〝双黒〟と呼ばれ、黒社会で恐れられていたが、大変仲が悪く、お互いに嫌い合っていたという。ポートマフィアの監獄に繋がれた太宰の前に現れ、開口一番に悪態をついている。相棒時代に太宰にからかわれ、弄ばれたのを根に持っているようだ。

身長160cmと小柄。180cm以上ある太宰に、「変わらないね」と背が伸びていないことを指摘され、激怒する。しかし、身体能力は高く、体術に長けている。その後、壁を粉砕するほど威力のある回し蹴りを見せた。「嫌がらせに来た」と言っているが、結局、太宰に弄ばれる。さらに太宰の手助けをしてしまうが、成り行きだったのか、最初から助けるつもりだったのかは、謎である。

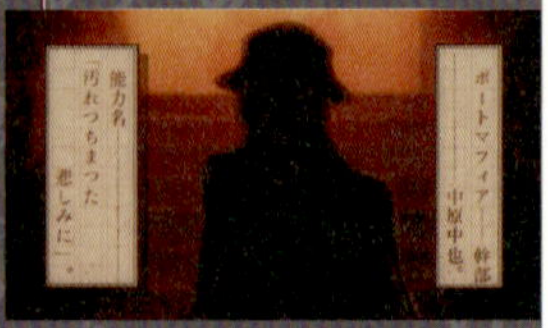

ファッションからもわかる通り、気障な性格をしている

立てよ、招宴《パーティ》は始まったばかりだぜ

小柄ではあるが、俊敏で強力な近接戦闘ができるようだ

【プロフィール】

中原中也

Nakahara Chuya

年齢◉22歳
身長◉160cm
体重◉60kg
自分が思う長所と短所◉長所は太宰より強いこと、短所は何故か太宰に負けること
好きなタイプ◉気品のある人
今、欲しいもの◉温度管理のしっかりしたワインセラー
座右の銘◉これで太宰さえいなければ
太宰治の嫌いな所◉呼吸している所

[FRONT] [BACK] [SIDE]

文豪との関係

1907年（明治40年）、山口県に生まれた。子供の頃は神童と呼ばれ、弟の死をきっかけに8歳で初めて詩を書いた。その後、中学を落第するほど詩作に没頭したという。大学時代にフランス語を学び、詩作の他にフランス人作家の詩訳を手がけた。350篇以上の詩を残したが、30歳の若さで病没。

実在の中原は酒癖が悪く、酔っては喧嘩をしていた。太宰もたびたび中原に絡まれて、彼を嫌っていたという。喧嘩好きも、太宰と険悪なところも、本作の中也を彷彿とさせる。また、ポートマフィアで最も体術に長けている中也だが、身長160cmと小兵だ。実際の中原も小柄で150cm台であったと言われる。帽子を被り、黒い上着を羽織ったファッションセンスといい、外見の共通点は多い。中原が生前に出版した詩集『山羊の歌』の一篇「汚れつちまつた悲しみに」が中也の異能名になっている。

黒い帽子は、実際の中原のものと同タイプ

帽子の他に黒いコート姿も、実在の中原によく似ている

著作紹介

汚れつちまつた悲しみに

著◉中原中也

17歳から23歳までの作品を収録した詩集『山羊の歌』の一篇。「汚れつちまつた悲しみに」という言葉を繰り返し、心の奥底にある悲しみを切々とうたいあげた。そこには、生への倦怠や死の予感が漂う。

性格について

好戦的で喧嘩っ早いが、義理堅く、
忠義に厚い。単純なところがあり、
太宰の嫌がらせにはまることが多い。

監禁されている太宰を訪れ、嫌がらせを試みるが、逆にやり込められて激しく怒る

太宰にはめられ、「二度目はなくってよ!」と、お嬢様言葉で捨て台詞を言わされる

中也と太宰

太宰はかつての相棒だが、犬猿の仲
でいがみ合っている。黒社会では最
強最悪のコンビと言われていた。

「芥川は騙せても、俺は騙せねえ」と、中也は元相棒の太宰が何か企んでいると察する

中也の回し蹴りが、太宰の頭上を襲う。凄まじい威力を持ったその蹴りは、背後の壁を破壊する

樋口一葉

Higuchi Ichiyou

CV 瀬戸麻沙美

黒いスーツに身を包み、銃をかざす女性マフィアだ

ポートマフィアを
抜けるのは、
容易ではないが
不可能ではない。
それでも私が
そうしなかったのは……

芥川に付き、彼をサポートしている。真面目な仕事ぶりだが……

芥川を手助けすべく黒蜥蜴を指揮する

ポートマフィア首領、森鴎外直轄の遊撃隊に属し、武闘組織「黒蜥蜴」を指揮する。異能力を持たず、戦闘時は銃器を用いることが多い。しかし扱いに長けてはおらず、妹ナオミを傷つけられ激怒した谷崎に扼殺されかかったこともある。このため、ポートマフィアの一員としては不適格であると、樋口自身はもちろん周囲にも思われている。

一方で、芥川は組織に切り捨てられたと悟る、裏の世界の分別も有する。しかし「先輩」と呼び恋慕の情を抱く芥川を放ってはおけず、単独ではどうにも出来ないと知りつつも救出に向かった。

その行動は黒蜥蜴たちを動かし、普段は彼女に冷たい芥川も、手を握り応えた。真面目で一途、誠実な樋口がみせた献身と勇気こそ、誰よりも優る彼女の武器であったのだ。

利発で美しい容姿に、依頼人を装って武装探偵社を訪れた際は太宰から心中に誘われたこともある。自宅マンションには、同居する家族がいるようだ。仕事の際はパンツスタイルだが、就寝時はジャージ。

樋口一葉
Higuchi Ichiyou

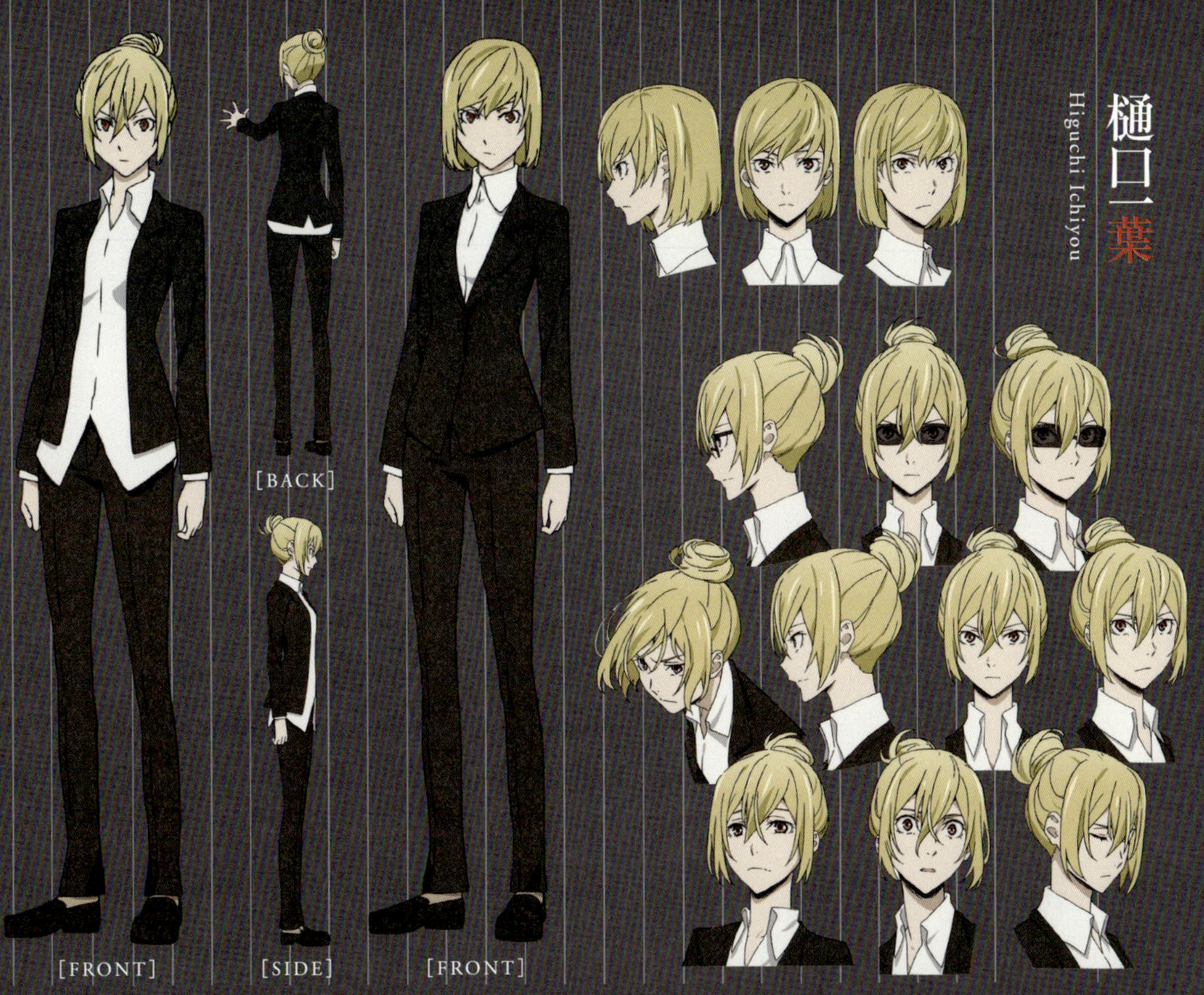

文豪との関係

五千円紙幣でおなじみの樋口一葉だが、知名度とは逆に作家としての活動はわずか1年2か月にすぎず、「奇跡の14か月」と称される。「大つごもり」から始まり、「たけくらべ」「にごりえ」「十三夜」などを文芸雑誌にて発表していた。その生涯は困窮に苦しめられたもので、小説の執筆動機も多額の原稿料のためであった。作家として成功すると、ほとんど交友のないアニメの樋口とは対照的に自宅は文士のサロンとして賑わった。同時期に評価を得た作家に広津柳浪がおり、アニメでは樋口が上司、広津が部下として描かれている。広津柳浪の代表作「黒蜥蜴」のネーミングもアニメに取り入れられている。樋口一葉は労働を蔑視したと伝えられるが、アニメの樋口は芥川のために奮闘する。文豪・森鴎外は樋口文学を激賞したが、アニメの首領は樋口の働きを評価しておらず、彼女自身も自覚している。

樋口自身の戦闘能力は高くない

麗しき依頼人の真意を、太宰は見抜いていた……

著作紹介
たけくらべ
著◉樋口一葉

作家・樋口一葉を世に知らしめた短編小説。吉原の遊郭に住む少女・美登利と僧侶の息子・信如のつかのまの淡い恋を描く。当時から高い評価を得ており、現在までに多くの映像化もなされている。

性格について

任務遂行の為には犠牲を厭わない反面、芥川の手助けになるならば後先を考えないこともある。

敦の取引に応じず、黒蜥蜴に武装探偵社襲撃を下令。これも芥川を思えばのことだ

異能力を持たない非力を自覚しながらも、芥川の危機とあらば就寝中でも動き出す

樋口と組織

自身はもちろん、首領の森鴎外も裏社会には不向きと認めている。足抜けをしなかった理由はひとつだけだ。

「がんばりが大事。結果は二の次だ」首領の皮肉に、樋口は耐えるほかなかった

彼女と組織をつなぐ、唯一の存在。独りでも助けに向かった彼女の誠意に、その人は手をさしのべた

泉鏡花

Izumi Kyoka

CV 諸星すみれ

能力名 ―― 夜叉白雪（ヤシャシラユキ）

仕込み杖を持った異形の夜叉を具現化する。携帯電話からの声によって動くが、鏡花自身は操ることが出来ない。

殺人《ころし》のほかに
何も出来ないと
あいつは云った
違うと自分に証明したい

着物姿の少女。無理矢理に殺人を強要されていた

異能力は夜叉白雪を召喚するものだが、自分では操れない

35人殺しの暗殺者にして、異能力に囚われた少女

ポートマフィアの構成員。物静かで着物姿の黒髪の少女。その風貌からは想像出来ないが、国木田による と「この界隈で名の通った暗殺者」と評される。両親が死んだ後、孤児になった幼い鏡花をポートマフィアが拾い、育てたが、それは彼女の持つ異能力が目当てであった。まるで能面のように無表情で自分の意思を表現する術を持たなかった鏡花だったが、敦に出会い関わることで、年相応の少女らしさや感情表現が徐々に豊かになったようだ。

敦と街に出かけた際には、大好きな湯豆腐を食べてお腹がいっぱいと言っておきながら、屋台のクレープは「別腹」と言って瞳を輝かせたりもした。ウサギが好きなようで、携帯電話にはウサギのストラップがついている。敦にウサギのぬいぐるみをクレーンゲームで取ってもらった時は、大事そうに胸に抱えていた。一方で、「殺し以外にも出来ること があると自分に証明したい」という強い決意が生まれ、社長の福沢に探偵社に置いてもらえるように直談判するなど、自らの意志で動き始めた。

【プロフィール】

泉鏡花

Izumi Kyoka

- 年齢◉14歳
- 身長◉148cm
- 体重◉40kg
- 自分が思う長所と短所◉長所は物静かなこと、短所はたまに自分を制御できないこと
- 好きなタイプ◉尊敬出来る人
- 今、欲しいもの◉自宅で湯豆腐がつくれる鍋
- 座右の銘◉食事の前には「いただきます」
- 中島敦の第一印象◉敵

能力 夜叉白雪

YASYA-SHIRAYUKI

大人よりも丈高い、刀を持った禍々しい女性の幻影を具現化する能力。常に持ち歩く携帯電話から聞こえる指示にのみ従い、鏡花自身の意志で異形・夜叉白雪を操ることは出来ない。非常に戦闘能力の高い異能力で、電光石火の速さで刃が相手を貫くことが出来る。

携帯電話の指示で、夜叉白雪が自分の背後に具現化する

刀を振り下ろす夜叉白雪の動きは電光石火のごとし

暗いオーラが鏡花から放たれ、隙をつかれた太宰を包んだ

文豪との関係

泉鏡花は石川県金沢生まれの男性作家で、本名は鏡太郎。異能力の夜叉白雪は、著書『夜叉ヶ池』に登場する竜神・白雪が元ネタだ。幼い頃に母を亡くしているため、母親への追慕が多くの作品の基調となっている。生涯で300編あまりの作品を残しているが、『夜叉ヶ池』や『天守物語』など、映像化や舞台化されたものも数多い。アニメ作中で、探偵社の尋問の際、鏡花は有名店の湯豆腐を所望したが、これは作家・泉鏡花が大の豆腐好きからきている。ただ、自身は潔癖症だったせいで「腐」という字を嫌がり、「豆府」と書いていた。また、酉年生まれ（1873年）のため、向い干支（自分の干支から数えて7番目にくる十二支の動物で、幸福をもたらすと信じられている）であるウサギグッズを好んでコレクションしていたという。

「豆府」が好きな所は一緒なのだ

ウサギグッズが好きな所も共通している

著作紹介

夜叉ヶ池

著◉泉鏡花

1913年（大正2年）に発表された戯曲。夜叉ヶ池に封印された龍神・白雪姫を鎮めないと村が水没してしまう……。山深い村を舞台に純愛、友情と人間の愚かさを描いた幻想的な作品だ。

梶井基次郎

Kajii Motojiro

CV 羽多野渉

能力名——檸檬爆弾（レモネード）

丸善ビル爆破事件で指名手配されている爆弾魔。「死」を「究極の科学」と豪語する狂科学者である。

これから君は死ぬ訳だけど、その前に教えてくれよ。「死ぬ」って何？

科学的興味で人を殺める爆弾魔。檸檬型爆弾を大量に持っている

[FRONT] [BACK]

ポートマフィアの構成員で、隠密主義のマフィアの中にあって珍しく顔の知れた爆弾魔。「死」を理解する自分の研究の為に人を殺しているというマッドサイエンティストで、その態度は医者である与謝野を憤怒させた。一般人28人を殺害した丸善ビル爆破事件を起こして指名手配されているが、その舞台は文豪・梶井基次郎の代表作『檸檬』で主人公が訪れる場所が丸善だからだろう。襟にいくつものバッジを付けたボロボロの白衣を纏い、鶯色の長いストールを両肩掛け巻きにし、下駄履きでゴーグルのようなメガネをかけるという、奇抜な姿をしている。

Profile

- 年齢 28歳
- 身長 180cm
- 体重 63kg

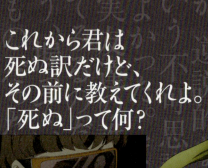

広津柳浪

Hirotsu Ryurou

CV 斧アッシ

百人長として「黒蜥蜴」を率いる、ポートマフィアの古参。触れたものを斥力によって弾き飛ばす異能力・落椿を得意とする。ポートマフィアの荷を横流しする組織を壊滅させるなど武闘派組織の長として暗躍したが、武装探偵社の襲撃には失敗。国木田の体術にたやすく組み敷かれ、窓から捨てられた。上司である樋口のことは異能力もないとして敬意を払っていなかったが、単身で芥川救出に向かった心意気に応えて加勢した。大の愛煙家でもある。ネーミングは「悲惨小説」で知られた作家・広津柳浪から、異能力はその著作『落椿』による。

異能力「落椿」は、触れたものに衝撃を与え、破壊することが出来る

立原道造

Tachihara Michizou

CV 林勇

広津の下で、十人長を務める。粗野な口調と攻撃的な外見の若者だが、単身で芥川救出に向かおうとする樋口を誰よりも熱心に止めるなど、仲間に対する思いはそれなりに抱いているようだ。樋口の危機に駆けつけた際も、最も生き生きとしていたのが立原であった。銀が女子トイレで樋口に警告を発した際は、広津ともども中に入らない程度の分別も持つ。異能力は有さず、二丁拳銃が主な武器。しかし、他の黒蜥蜴衆同様に武装探偵社相手にはまったく通用しなかった。名前の由来は、24歳で夭折した同名の詩人から。戦前、中原中也賞を受賞したこともある。

鼻の絆創膏がトレードマーク。異能力は持っていないようだ

銀

Gin

CV ?.?.?

立原同様、十人長を務める。マスクで口元を隠し、長い黒髪を後ろで束ねている。立原に言わせれば「気味の悪い奴」。潜入や暗殺など隠密任務が多く、身内を始末したことも少なからずあるようだ。軽い身のこなしと小太刀を武器として、気配を感じさせることなく接近して目標を始末する。立原とは武器を向け合うこともあるが、挨拶がわりに近いようだ。武装探偵社襲撃時は銀も返り討ちに遭い、広津や立原らと共に賢治によって探偵社ビルの窓から打ち捨てられた。無口で考えも読めないが、広津、立原に付き合い樋口に加勢するなど、人間味もみせる。

顔の大部分を面頬で覆っているのでその素顔は不明

森鴎外

Mori Ougai

能力名——ヰタ・セクスアリス。
詳細は不明。

CV 宮本充

エリス

Elise

CV 雨宮天

ポートマフィアを統べる首領 敵対者は容赦なく殺す

ポートマフィアの首領。頼りなさそうな中年の風貌は、あくまでも仮の姿。その本性は残虐非道な手段を用い、「敵対する者は容赦なく殺す」という残忍さを秘めている。元医者で、どんな困難な局面でも冷静さを決して失わず、危害を加えてきた敵には徹底反撃を行うなど、理論的な最適解を常に求めることを信条としている。鴎外が現場に現れた際には、ひと癖もふた癖もある凶悪なポートマフィアのメンバーが一斉に片膝をつき敬意を表すほど、彼に強い忠誠もしくは畏怖の念を抱いている。そんな極めて隙の無いように見える男だが、金髪の美少女エリスのこととなると全く人が違ったようになる。赤の他人にも「天使のように可愛い子」と自慢し、目に入れても痛くないほど可愛がり、彼女の写真は常時所持しているほどだ。自分の傍から見えなくなるだけで騒ぎ立てる一面も。ただエリスには完全に振り回されているようだ。

どんな困難な戦局でも必ず理論的な最適解は有る

登場時はしがない町医者を装っていた。情けない印象だったのだが……

森鴎外

Mori Ougai

文豪との関係

東京大学卒業後、陸軍軍医となった森鴎外だが、小説家としてのスタートは衛生学を学ぶためのドイツ留学から帰国して発表した処女作『舞姫』だ。公務のかたわら精力的に執筆活動を行い、途中妨げられながらも二足のわらじを履く生活をしていた。アニメ作中では統制のとれたマフィア組織の首領として君臨しているが、実際、軍医として現役でトップの地位まで上りつめた鴎外なので、何の違和感もないだろう。異能力の「ヰタ・セクスアリス」は、鴎外が作家としての最盛期に書かれた小説のタイトル。『舞姫』のエリスのモデルとなった女性は実際の鴎外の恋人で、ドイツから帰国した彼を追って日本までやって来たという。ちなみにアニメ作中でエリスは「リンタロウ」と呼んでいるが、それは鴎外の本名・林太郎からきている。

実際の森鴎外も医者で、ドイツへ留学していた

首領の姿ではスーツに白手袋といった格好だ

著作紹介
舞姫
著◉森鴎外

鴎外がドイツ留学した際の体験をベースに書かれた短編小説で代表作の一つ。主人公・豊太郎は妊娠したドイツ人の恋人・エリスを置き去りにして帰国してしまい、彼女は発狂してしまう。アニメでは逆に、エリスが鴎外を振り回している。

エリス

森鴎外の傍にいつもいる少女。鴎外を困らせたり、毒舌を浴びせることは日常茶飯事。異能力者かどうかは不明。

西洋人形のような風貌のエリスだが、その可愛い口から出てくる言葉は辛らつだ

COMIC

文豪ストレイドッグス1～10
原作：朝霧カフカ／漫画：春河35
KAODKAWA／角川コミックス・エース
1～5巻：本体560円＋税
6～10巻：本体580円＋税
「ヤングエース」で連載中

最新11巻：本体580円＋税
2016年10月4日発売予定

SPIN OFF COMIC

「文豪ストレイドッグス わん！」
原作：朝霧カフカ／漫画：かないねこ
キャラクター原案：春河35
無料オンラインマガジン
「ヤングエースUP」で連載中
最新1巻：本体580円＋税
2016年10月4日発売予定
※画像は制作中のものです。
実際のデザインとは異なります。

SPIN OFF NOVEL

文豪ストレイドッグス外伝
綾辻行人VS.京極夏彦
著者：朝霧カフカ　カバー・口絵イラスト：春河35
KADOKAWA　本体1,000円＋税

事件の真相を解くと犯人が死んでしまうという〝異能〟を持つ綾辻行人は〝殺人探偵〟として恐れられていた。異能特務課の新人エージェント・辻村深月は綾辻の危険な異能を監視する任務についているのだが、その綾辻に政府から殺人事件解決の依頼が届く。その奇怪な事件には、宿敵である怪人・京極夏彦が関わっているようで……。

NOVEL

文豪ストレイドッグス
太宰治の入社試験
著者：朝霧カフカ　イラスト：春河35
KADOKAWA／角川ビーンズ文庫　本体560円＋税

武装探偵社の一員にして、理想主義者のカタブツ・国木田独歩は、新入りの自殺嗜癖・太宰治とコンビを組むことになった。少年電網潜士・田口六蔵の力を借りつつ、怪しげな幽霊屋敷を調べていって見つけたのは、水槽で溺死寸前の女性・佐々城信子だった……。「蒼の使徒」を巡る、国木田・太宰コンビ初の事件を描く。

文豪ストレイドッグス
太宰治と黒の時代
著者：朝霧カフカ　イラスト：春河35
KADOKAWA／角川ビーンズ文庫　本体560円＋税

港湾都市で暗躍するポートマフィア。ある日、下級構成員の織田作之助は首領の森鴎外から、失踪した情報員・坂口安吾の捜索を命じられる。幹部の太宰治と共に捜査にあたるのだが、安吾のスパイ疑惑に加えて、〝ミミック〟という犯罪組織に襲われて……。太宰がマフィアと決別した理由が、ここで明らかになる。

文豪ストレイドッグス
探偵社設立秘話
著者：朝霧カフカ　イラスト：春河35
KADOKAWA／角川ビーンズ文庫　本体580円＋税

武装探偵社はなぜ設立されたのか。福沢諭吉が横浜で用心棒を請け負っていた頃、彼はある事件をきっかけに、自由奔放な少年・江戸川乱歩に出会う。なりゆきで乱歩の面倒を見ることになってしまった福沢だが、訪れた演劇場に殺人予告が届き……。中島敦の入社試験の裏話も収録した、武装探偵社の知られざる設立秘話。

文豪ストレイドッグス
55Minutes　2016年10月1日発売予定
著者：朝霧カフカ　イラスト：春河35
KADOKAWA／角川ビーンズ文庫　本体600円＋税

盗賊捕縛の依頼を受け〝航海する島〟スタンダード島を訪れた武装探偵社一行。だが島では今まさにテロリストが未曾有の異能力兵器を起動しようとしていた。敵を追う敦だったが、その前にウェルズという異能力者が現れ……。横浜沖を舞台に、異能力兵器から市民約400万人を救う死闘が幕を開ける。

＊掲載の情報は2016年9月現在のものです

第一話 人生万事塞翁が虎

第二話 或る爆弾

第三話 ヨコハマ ギャングスタア パラダヰス

第四話 運命論者の悲み

第五話 Murder on D Street

第六話 蒼の使徒

文豪ストレイドッグス

BUNGO STRAY DOGS

第1クール

SEASON ONE

第七話 理想という病を愛す

第八話 人を殺して死ねよとて

ストーリー解説

STORY COMMENTARY

第九話 うつくしき人は寂として石像の如く

第十話 羅生門と虎

第十一話 其の一 彼女には向かない職業

第十一話 其の二 有頂天探偵社

第十二話 たえまなく過去へ押し戻されながら

タイトルの「人生万事塞翁が虎」の元ネタは「人間万事塞翁が馬」。幸福や禍は予想できないものだ——という意味。川を流れる太宰を助けたのは、敦にとって、禍福のどちらだったのか……

【STAFF】
脚本：榎戸洋司
絵コンテ：五十嵐卓哉
演出：五十嵐卓哉
作画監督：菅野宏紀

僕の名前は敦——
故あって、
餓死寸前です
中島敦

第一話 人生万事塞翁が虎

獣に喰い殺される最期というのも、
中々悪くないが……
君では私を殺せない
太宰治

いかなる時も自殺を考えている〝自殺マニア〟太宰の愛読書は「完全自殺読本」。なかなか手に入らない稀覯本らしい。太宰は真っ暗な倉庫内でも内容がわかるほど読み込んでいる

異能力が解除され、虎から人に戻った時、何故か敦はよつん這いポーズに。アニメでは、この後もたびたび、登場人物がよつん這いになるが、このポーズに何か強いこだわりを感じる

【STORY】

孤児院を追い出され、中島敦はヨコハマの街を彷徨っていた。食べるものも、寝る所もなく、もちろん金もない。盗っ人やむなしと決意した矢先、川を流されていく奇妙な男と遭遇する。男の名は太宰治。荒事解決を生業とする異能力集団「武装探偵社」の社員だった。

太宰は同僚の国木田独歩と「人喰い虎」を探しているという。その虎こそ、敦がすべてを失った元凶だった。怯える敦に太宰が提案する。「虎探しを手伝ってくれないかな」

敦は太宰に連れられ、ある倉庫で虎を待つことに。やがて、満月の光が倉庫内に差し込み、敦のシルエットが徐々に虎へと変化し始める。

五十嵐監督コメント

「原作のムードをいかに映像に置き換えるか。その雛形となるのが第1話なので、コンテを描くだけでなく演出をやることで作品の方向性を確立できればと思いました。ベースになっていく敦と太宰と国木田の3人のやりとりのテンポ感や、バトルに入るときの空気感を確定させていきました」

異能力発動シーンや登場人物の心の声が、原稿用紙にはめ込まれた文章で表現される。これはアニメ版だけの表現方法で、"文豪"がテーマであることが、より強調されている

【STAFF】
脚本：榎戸洋司
絵コンテ：五十嵐卓哉
演出：佐藤育郎
作画監督：徳岡紘平

第二話 或る爆弾

探偵社の寮（襖に畳敷きで、かなりレトロ）で目覚めた敦は、携帯電話のベルに驚いて、おぼつかない手つきでボタンを探す。この世界ではまだスマホはなく、携帯電話が主流らしい。後に登場する泉鏡花も首から携帯を提げている

爆弾魔事件の企画は太宰によるものだ。爆弾魔の命令で国木田がよつん這いになるのだが、あきらかに太宰の嫌がらせ。このシーンはアニメのオリジナル。よつん這いを続ける国木田の表情は必見だ

爆弾魔が、人質をとって探偵社に立て篭もった!

国木田独歩

武装探偵社へ、ようこそ

太宰治

BUNGO STRAY DOGS

【STORY】

太宰から敦は「武装探偵社」に入社を薦められた。しかし、敦は自分の異能を制御できない為、探偵社で働く自信を持てないでいた。太宰は、そんな敦をどこかへ連れ出す。そこへ、国木田が緊急事態を報せにきた。探偵社に爆弾を持った男が立て篭もったというのだ。太宰と敦は探偵社に急行する。爆弾魔はバイトの少女を人質に「社長を出せ！」と声を荒げている。唯一、犯人に面が割れていない敦は、新聞配達員に扮して説得を試みる。鬼気迫る敦に気圧される犯人。隙を見て、国木田が異能力を発動するも、爆弾魔は起爆スイッチを押してしまう。敦は爆風を抑えるため、爆弾を抱え込む。

五十嵐監督コメント

「敦を起点に物語が始まったわけですが、まだ敵対勢力が登場してないので、じゃあ、武装探偵社って？という世界観を説明しています。その探偵社に敦がどう受け入れられていくかを描いて、そして、最後の最後Cパートで芥川が登場する、と。ここはプロデューサーのどうしてもという（笑）要望により実現しました」

武装探偵社の入社試験

「武装探偵社」とは、異能力者によって構成された、民間の武装調査組織である。軍警に頼れないような危険な依頼を専門にし、古びたビルに居を構え、昼と夜の世界のあわいを取り仕切っている。力の強い異能力者が探偵社に入れるわけではなく、「入社試験」に合格しなければ、正式な社員とは認められないのだ。「入社試験」とは、探偵社が代々の調査員に課してきた、いわば〝裏審査〟である。探偵社への適性、その魂の真贋を見極める重要な通過儀礼だ。あまりの過酷さに、記憶を封印した社員もいるという。試験の内容は、先輩調査員に一任される。

というわけで、敦の入社試験も密かに企てられ、社員が一丸となって実施された。爆弾魔(谷崎)が立て篭もる探偵社で、敦は新聞配達員に扮して、演技とは思えない〝必死な訴え〟で周囲を圧倒。さらに、爆弾が起爆する寸前に身を挺して仲間を守ろうとした。敦の正義感は認められ、災害指定猛獣である人虎は、武装探偵社の一員となった。

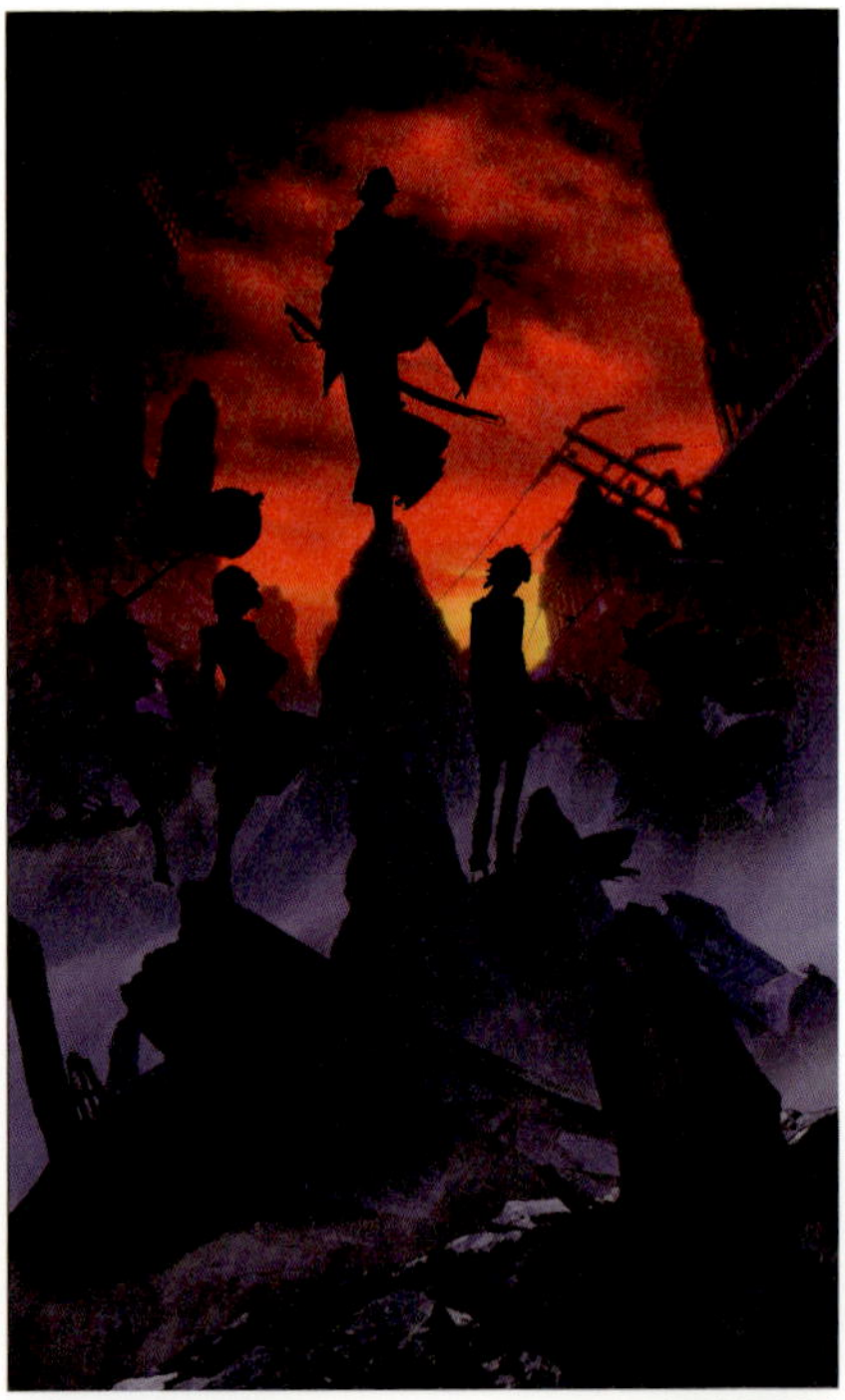

ワイヤーガンにもこだわりの設定

国木田の異能力「独歩吟客」は、手帳に書き込んだものを具現化する。国木田は鉄線銃(ワイヤーガン)を具現化することが多いが、アニメではちらりとしか見えない鉄線銃の分解図まで、詳細に設定されている。

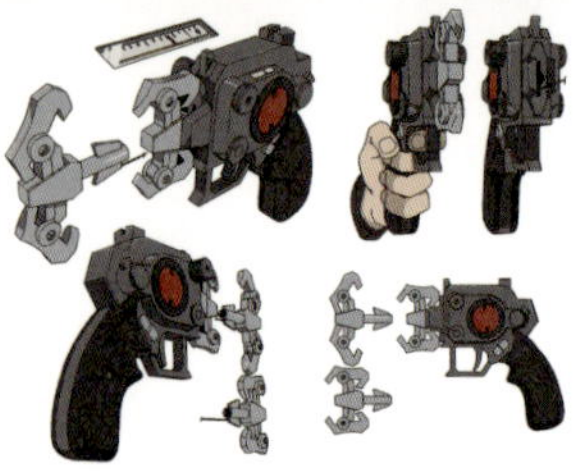

▲国木田の鉄線銃(ワイヤーガン)

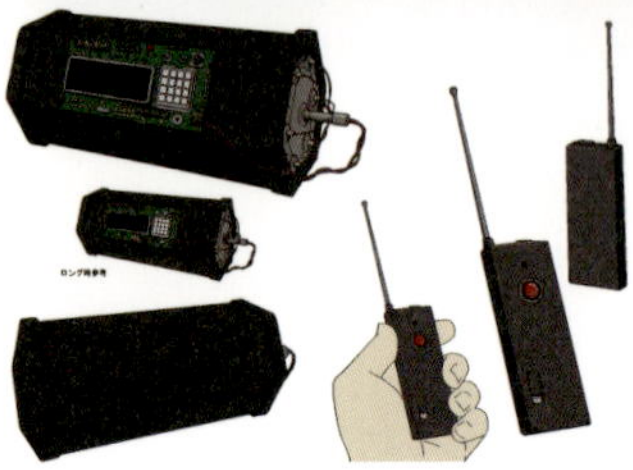

▲リモコン爆弾

時限装置だけがついた、爆薬の入っていない模造品。太宰を慕う過激な女性からの贈り物だったらしい

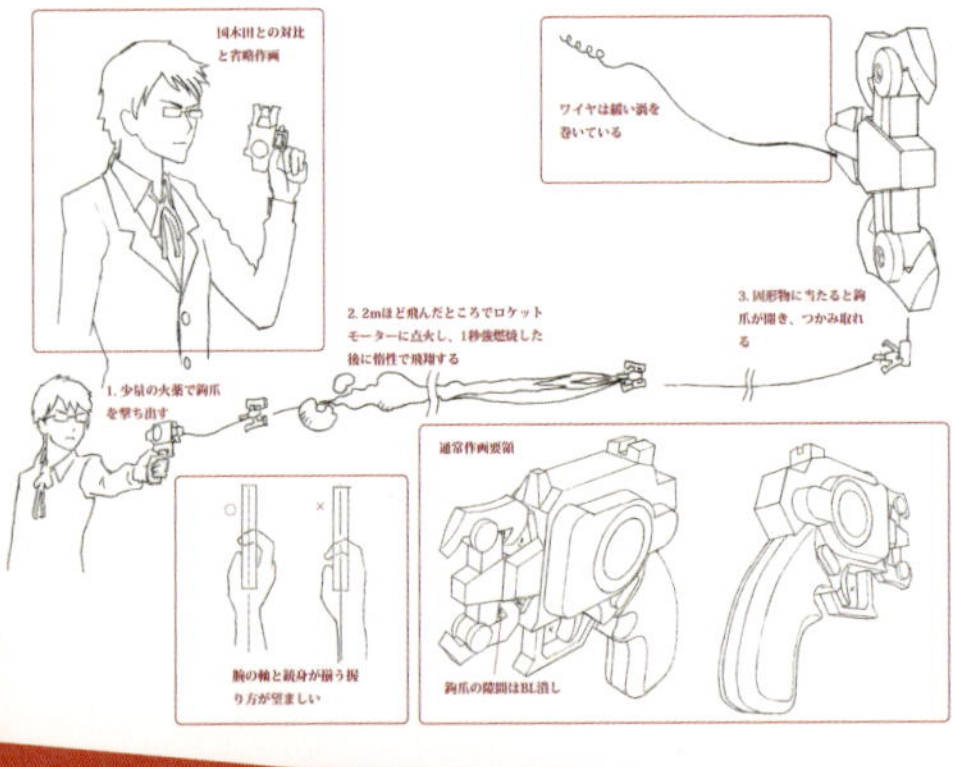

敦の迫真の演技は爆弾魔をも怯ませる

「家族も友達もいなくて、孤児院さえ追い出され、行く場所も生きる希望もない。そのうえ虎に変身しちゃうし。とりたてて長所もなく、誰が見ても社会のゴミだけど。それでも生きてるんだあああ!」。演技を超えた敦の心の叫びだ!

身を捨てて爆弾から仲間を救う

爆弾魔は起爆スイッチを押してしまう。残りの時間は30秒。避難するには間に合わない。「爆弾を覆い被せれば、爆風を防げる」。敦は爆発寸前の爆弾をとっさに抱え込む。

爆発は起こらなかった。呆然とする敦に太宰は言った。「武装探偵社にようこそ」

僕《やつがれ》の羅生門は悪食。あるゆるものを喰らう
芥川龍之介

第三話
ヨコハマ ギャングスタア パラダヰス

【STAFF】
脚本：榎戸洋司
絵コンテ：吉田泰三
演出：米田和弘
作画監督：塚本知代美、西島翔平

我々はこの街の暗部そのもの。この街の政治、経済にことごとく根を張る
樋口一葉

懲りずに樋口に心中をもちかける太宰を、国木田が押し込んだのはサーバールームと資料室を兼ねた部屋。その隣は与謝野の医務室、さらに手術室など、わずかしか映らない部屋も含めて探偵社の間取りはきっちりと定められている

アニメオリジナルキャラとなる、喫茶店・うずまきの可愛い女給さんにも注目。毎回、太宰から心中に誘われ、第4話ではツケの支払いと生命保険の加入を求めるしっかり者。第7話も太宰と国木田の言い争いに動じることなく仕事に励んでいた

谷崎が発動する異能力・細雪。緑がかった雪が降り、さらに絵コンテでは「キャラ奥に文字エフェクトが流れては消えていく」との指定がある。小説『細雪』の一節が記されている

【STORY】

敦が先輩らの前職当てに興じていると、樋口という若い女性が依頼に訪れた。彼女が勤めるビルの裏手に、よからぬ輩が屯《たむろ》しているという。敦は初仕事として、谷崎、ナオミと共に現場に出向く。

しかしそれはポートマフィアの罠だった。冷酷な態度に豹変した彼女は、谷崎に発砲する。彼を庇ったナオミが倒れ、谷崎は異能力「細雪」で反撃する。樋口の窮地に黒衣の男・芥川龍之介が現れ、谷崎も重傷を負ってしまう。敦を生け捕りにすると話す芥川に対抗し、人虎と化した敦は戦うが、まったく歯が立たない。そこに駆けつけた太宰の「人間失格」でその場は仲裁されるが……。

五十嵐監督コメント

「第3話の核になるのが芥川です。敦のライバルであり、実は一緒にこの物語を引っ張っていくキャラクター。悪役って格好よければ格好いいほどいいという思いを込めています。小野賢章くんがかなり物語を読み込んできてくれていたので、芥川というキャラを立ち上げるのに時間がかからなかった印象です」

第四話
運命論者の悲み

最悪の状況になるかもしれん自分に出来る事を考えておけ
国木田独歩

谷崎が与謝野に治療されている最中、原作では「ギャァアァアア」という叫び声が聞こえるだけだったが、アニメではどうも「特別な」治療を受けたらしく、谷崎はひとしきり叫んだあと「あ♡」という声を上げていた

敦が荷物をまとめて探偵社から出ていこうとする際、単に外に出掛けるような身軽な荷物だったため、国木田は敦の心の機微に気が付かなかったのかもしれない。原作では大きな風呂敷包みを背負って出ていった

［STAFF］
脚本：榎戸洋司／絵コンテ：福田道生
演出：山岸大悟／作画監督：石野 聡

敦が樋口に電話をかけたのは、原作では黒蜥蜴の事件が起こった港近くの倉庫街の公衆電話だったが、アニメでは公園横のレトロなデザインの公衆電話ボックスからだった。ちなみに樋口も、原作とは異なり、黒電話を使用している

僕は探偵社を辞める 辞めてひとりで逃げる 捕まえてみろ!
中島敦

［STORY］

太宰のおかげで、辛くも芥川の攻撃から逃れることができた敦。しかし裏社会の闇市で自身に70億の懸賞金がかけられ、そのせいで仲間が巻き添えになったことを知り、ひたすら自分を責める。国木田もまた「最悪の事態」を恐れ、いつになく動揺を露わにする。「自分で出来る事を考えておけ」――そんな国木田の言葉に、敦は探偵社から出て行くことを決意した。敦は、樋口に電話を掛け、探偵社を襲わないように頼む。しかしポートマフィアの武闘派・黒蜥蜴が探偵社を急襲したと知り、慌てて社に戻るが、壁の銃弾痕が生々しい室内では、すべての敵は意識を失い床に倒れていたのだった。

五十嵐監督コメント

「ヨコハマの街での武装探偵社とポートマフィアの立ち位置を描いた回です。ポートマフィアには武闘派集団・黒蜥蜴という特に物騒なヤツらもいるのですが、蓋を開けたら武装探偵社のほうが圧倒的に物騒だったという話（笑）。それと、もうひとつのテーマは敦にとって自分が自分の居場所をみつけるには何が必要か……という話でもありますね」

ヨコハマを牛耳るポートマフィア

ヨコハマを牙城とする凶悪な闇組織。傘下の団体企業は数十を超え、街の政治・経済の隅々まで影響を及ぼす。密輸、人身売買、麻薬密売など、ありとあらゆる悪事に手を染めており、彼らに一旦逆らったら最後、生存することは難しいと言われる。異国の闇組織とも直接取引が行われているようで、北米の異能力者集団「組合（ギルド）」には人虎を生きたまま渡すように依頼されている。組織には5人の幹部と武闘派「黒蜥蜴」を擁する首領直属の遊撃隊などがある。幹部や構成員はおおむね異能力者のようだが全員ではない。末端の構成員は、黒いスーツが基本スタイルでサングラスが必須。訓練が行き届いていて非常に統制がとれている。幹部はたいがい単独もしくは数人で襲撃をかけるようだが、武闘派の黒蜥蜴は十数人の黒服軍団を率いて行動するようだ。

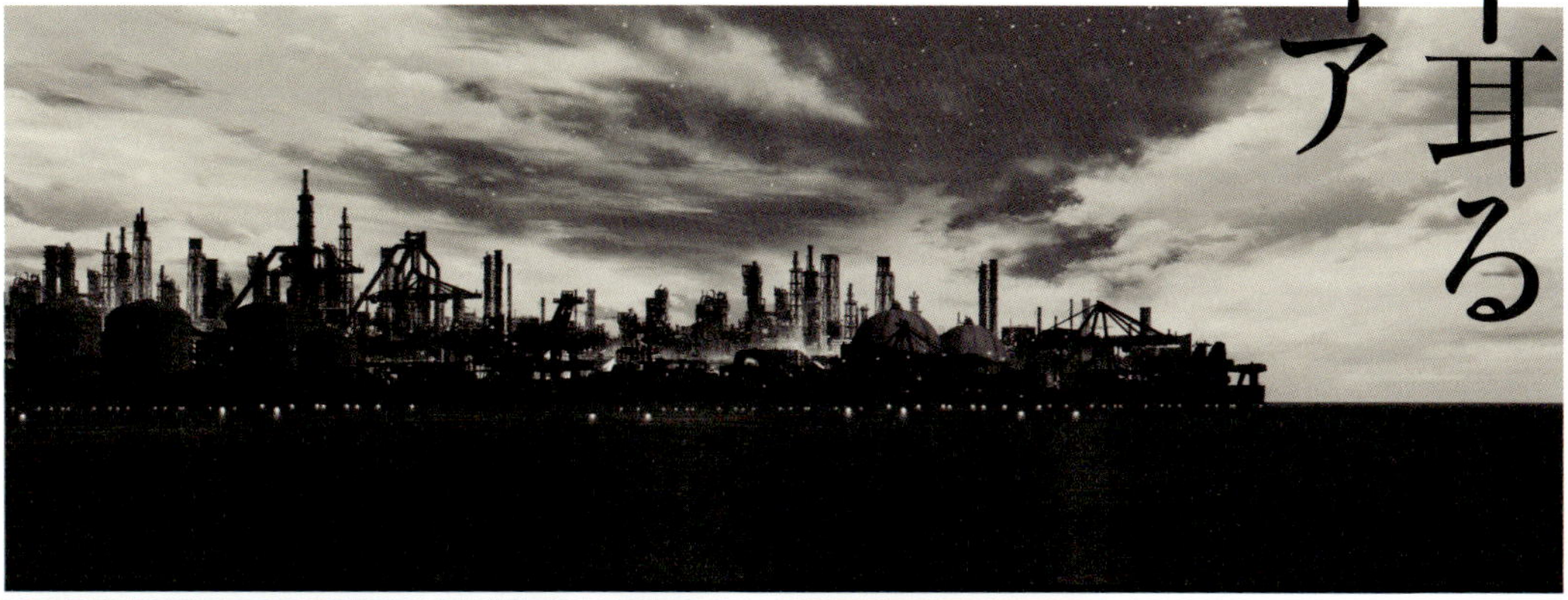

ポートマフィアの残酷な報復

ポートマフィアの報復の手口は身分証と同じで、細部まで厳密に決められている。まず裏切り者に敷石を噛ませて、後頭部を蹴りつけ顎を破壊。犠牲者をひっくり返して、胸に三発撃ち込むのだ。

▲マフィアの構成員

異能力で戦うのではなく、トンプソン・サブマシンガンやマカロフ拳銃などで行う襲撃はある意味新鮮だ

ポートマフィアのファッションは奇抜

黒服の構成員以外のメンバーは実に個性的なファッションをしている。十把一絡げにならない彼らのスタイルは、その名の文豪の面影をどこかに残しているようだ。

黒がベースの暗い色の服が多い。そんな中でも、梶井の白衣姿は異質

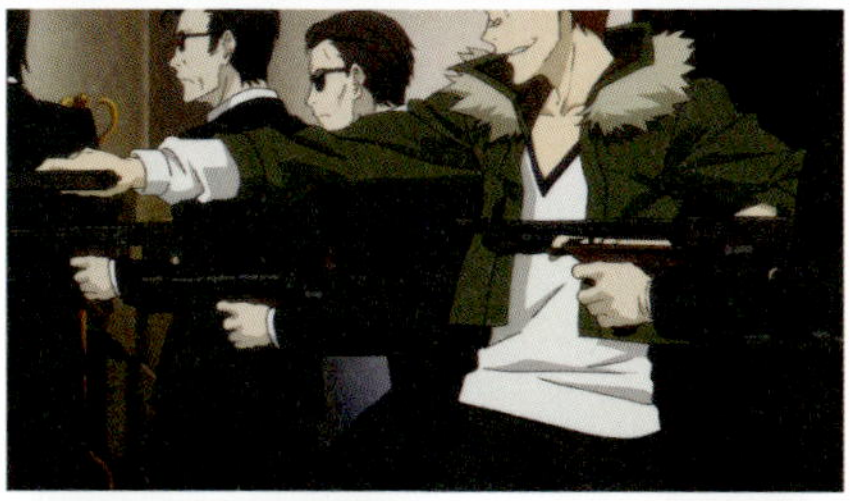

この探偵社が探偵社で
あるのはみんな、
僕の異能力・超推理の
おかげだよ

江戸川乱歩

「すごいですよね、超推理」と乱歩の能力を称揚するのは、原作では賢治。それがアニメでは春野綺羅子になっている。同じく終盤では、太宰をして「私も精進しなくては」と言わしめるのである

第五話 Murder on D Street

超推理中の乱歩の眼鏡。シナリオ、絵コンテで確認できるが、「被害者の傷」「装飾品なし」「ポケットに砂利」といった文言以外に、「綿菓子食べたい」「社長はもっと僕をほめるべき」など推理と関係のないことも同時に考えている

今回のゲストである箕浦刑事は、江戸川乱歩希代の傑作、「孤島の鬼」の主人公、蓑浦金之助と被る。ちょっとしたお遊びながら、意識的なネーミングと思える

[STAFF]
脚本:榎戸洋司
絵コンテ:池添隆博
演出:池下博紀
作画監督:下條祐未

よく見ていたまえ、
敦君。
探偵社を支える
能力だ

太宰治

[STORY]

市警の要請により、殺人現場に赴いた江戸川乱歩と敦。被害者は、現場の箕浦刑事ら警察の同僚であった。一見、なんの手がかりもない難事件かと思われたが、乱歩は解決に1分もかからないと豪語する。

怒る箕浦刑事の挑発に、乱歩は「超推理」を発動させ、犯人から犯行手口と時間、現場まですべてを暴いてしまう。あまりの能力に唖然となる敦だが、実は乱歩は異能力の持ち主ではなく、優れた頭脳で瞬時に真相に到達していたのであった。

犯人はすべてを自供、箕浦も乱歩の能力を認め、ここに事件は解決をみた。乱歩は笑いながら、次回は割引価格で良いと応じるのであった。

五十嵐監督コメント

「探偵社の中で一番底知れない人間というのが名探偵の乱歩です。彼の『超推理』は物凄い能力ですが、実は異能力ではないというお話です。これが異能力でないとすると彼にトラウマはないのかな?(笑) その人物像には第2クールでも追っていきます」

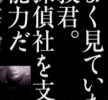

殺人事件は乱歩におまかせ！

常人離れした異能力者たちは内務省異能特務課によって管理されているが、軍警、市警の関係者はその異能力者の存在を知っており、武装探偵社でもたびたび難事件に協力している。その中心となるのはもちろん乱歩であり、山際刑事殺害事件より以前から何度も事件を解決していた。

時には出張の要請もあり、第7話では九州での事件を解決後、現地で観光と温泉玉子を楽しんでいたところで「蒼の使徒」事件が発生。この時は推理の結果を電話で指示、軍警の爆弾処理班が出動した。

▲遺体発見現場

▲造船所跡地

▲警察署取調室

山際

cv 内山夕実

箕浦刑事の部下で、ある政治家の汚職事件をつかみ、知り合いの検察を通じて告発の準備を進めていた。凛とした美人だが、杉本の警告もはねつける正義感が悲劇を招いてしまう。年下の杉本巡査とは職場には秘密の恋人同士であり、お互いが同じ腕時計をしていたことが手がかりのひとつなった。

杉本巡査

cv 村瀬 歩

箕浦と共に事件現場にいた巡査。警察官に憧れながら何度も試験に落ちていたが、ある議員の力添えで採用され、その見返りとして指示に従っていた。誤って山際を射殺してしまった際、相談できる相手は議員だけだった。乱歩の超推理に動揺して発砲するなど、人間としても警察官としても未熟な面が目立つ。

箕浦刑事

cv 白熊寛嗣

前担当の後を継ぎ、乱歩と共に事件にあたる刑事。異能力者の存在は知っていても懐疑的で、被害者が部下であったことから弔い合戦として乱歩に協力を仰ぐことなく解決に挑もうとした。地道な捜査を信条とする叩き上げの刑事だが、乱歩の能力を認めると謝罪して頭を下げるだけの度量の広さも持つ。

第六話 蒼の使徒

第6話と第7話は小説がベースとなった回で、小説では2年前の設定だった。だがそれをアレンジして敦が入社後のエピソードに再構築している

この手帳には
俺の凡てが書かれている。
予定、計画、目的。
この手帳が俺の未来の凡てだ
国木田独歩

金属は脆い。人心も脆い
貴様らはどうだ、
武装探偵社
芥川龍之介

【STAFF】
脚本：榎戸洋司
絵コンテ：五十嵐卓哉
演出：浅井義之
作画監督：服部聰志

国木田VS.芥川のバトルで「人を殺める趣味はないのでな」と国木田は言うが、武装探偵社の哲学を象徴しているようなセリフだ。ちなみに小説ではこのバトルシーンが国木田と芥川との初対決になっている

佐々城信子という名の女性は、作家・国木田独歩の最初の妻である。アニメ作中でも国木田が彼女に興味を示す素振りが見られる。文豪・国木田は周囲の反対も押し切って結婚したが、約半年後に離婚。原因は国木田が自分の「理想」を妻に押しつけたからとも言われている

【STORY】

観光客の連続失踪事件を調べるため、国木田は非合法のハッカーである田口六蔵に情報源を探らせる。だが見つかったのは被害者の写真と「蒼の使徒」という謎の言葉のみ。被害者を目撃したという運転手兼情報屋のタクシーを呼び、敦たちは怪しげな廃病院へ向かった。

そこには、水槽で溺死寸前の佐々城信子がいた。彼女の他にも監禁されている者たちがいたのだが、救出に失敗してしまう。その顛末がマスコミにリークされ、探偵社の汚名が広まり、国木田は失意に陥る。太宰の協力もあり、タクシー運転手が失踪事件の犯人だと突き止めるのだが、追及の最中に芥川が現れ……。

五十嵐監督コメント

「第6、7話は小説版のエピソードをアニメ版として再構築している話数です。小説版はハードボイルドな空気がコミック版より増していると思うのですが、アニメではその雰囲気を同シリーズ内に込められないかと考えました。これを第1クール中盤に置くことはアニメ版『文スト』シリーズ構成で重要なポイントでした」

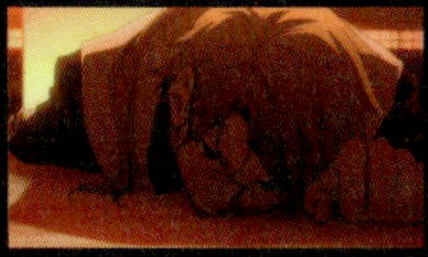

第七話 理想という病を愛す

【STAFF】
脚本：榎戸洋司
絵コンテ：五十嵐卓哉
演出：佐藤育郎
作画監督：徳岡紘平

スリムな外見とは正反対に、国木田は武闘派で自分よりもはるかに体格が勝る相手でも投げ技で沈めることができる。小説では、「相手の力が強いほど、俺の投げ技の威力は増す」と自信たっぷりだ

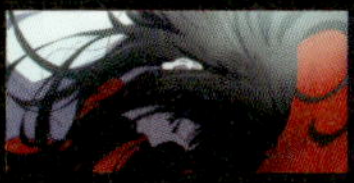

信子曰く、蒼き王は理想に燃え、純粋に犯罪のない世界を望みそれゆえに自らの手を血で染めた。そして国木田のことを「どこか似ている」と彼女は評する。それを反映するように、国木田を演じた細谷佳正が蒼き王の声も演じた

これは武装探偵社の存続とプライドをかけた戦いであると認識せよ
福沢諭吉

信子に国木田の手帳の「理想の女性像」を読まれてしまったが、小説には実に手帳8枚、15項目、58要素に渡ると記されている。「これはないです」と信子にドン引きされてもしようがない

それでも！ それでも進んで突き抜けてやる 俺の理想を舐めるなよ！
国木田独歩

【STORY】

「蒼の使徒」からの大規模な市街地爆破予告と武装探偵社への醜聞攻撃が始まった。そんな最中、太宰と喫茶店で親密そうに話していた信子は、今回の事件が「蒼き王」に関連しているのではないかと言う。それは、かつて国木田によって追い詰められた末に自爆したテロリストであった。

乱歩によって爆弾が仕掛けられた場所を特定し、国木田たちはタイマーを止めるための通信機を探す。たどり着いた国防軍基地の防空壕内には、異能力を持つ金髪の男と大男が待ち構えていた。バトルの後無事に爆弾を解除できたが、後日この一連の事件に真犯人がいることが判り、国木田と太宰が真相をつきとめる。

五十嵐監督コメント

「引き続き、国木田の話です。探偵社の中ではまともそうに見える彼が、やっぱり人としてはどこか欠けている人間だったというのが判ります。大事なのは欠けているということを自分が理解していること。そしてもっと大事なのはそれでも突き進んで成就する努力を惜しまない……こと？」

「蒼の使徒」を巡る人々

薄暗い地下室はPCモニターの明かりのみ。熱帯魚だけが六蔵の心の癒しなのか……

田口六蔵

cv 石川界人

十代の少年だが、非合法の電網潜士（ハッカー）で情報屋。国木田曰く、彼にかかれば何でも調べられるとのこと。父は刑事で、「蒼の王」を追っている最中に殉職してしまう。その責任を感じた国木田が親代わりをしている。倉庫街の地下室に住んでいて、机の上や床にもPCが並んでいる。熱帯魚を飼っていて、国木田のことを「眼鏡」と呼ぶ。

佐々城信子

cv 小林沙苗

東京の大学で教鞭を執っている。専門は社会心理学。横浜連続失踪事件の12人目の「被害者」。下着姿で大きな水槽に閉じ込められ危うく溺れかけていたところを、国木田や太宰に助けてもらう。日頃から貧血気味でよく倒れるので、事件の時もそれが原因で巻き込まれたと言うが……理想に燃え、何かに打ち込む男性が好みだと語る。

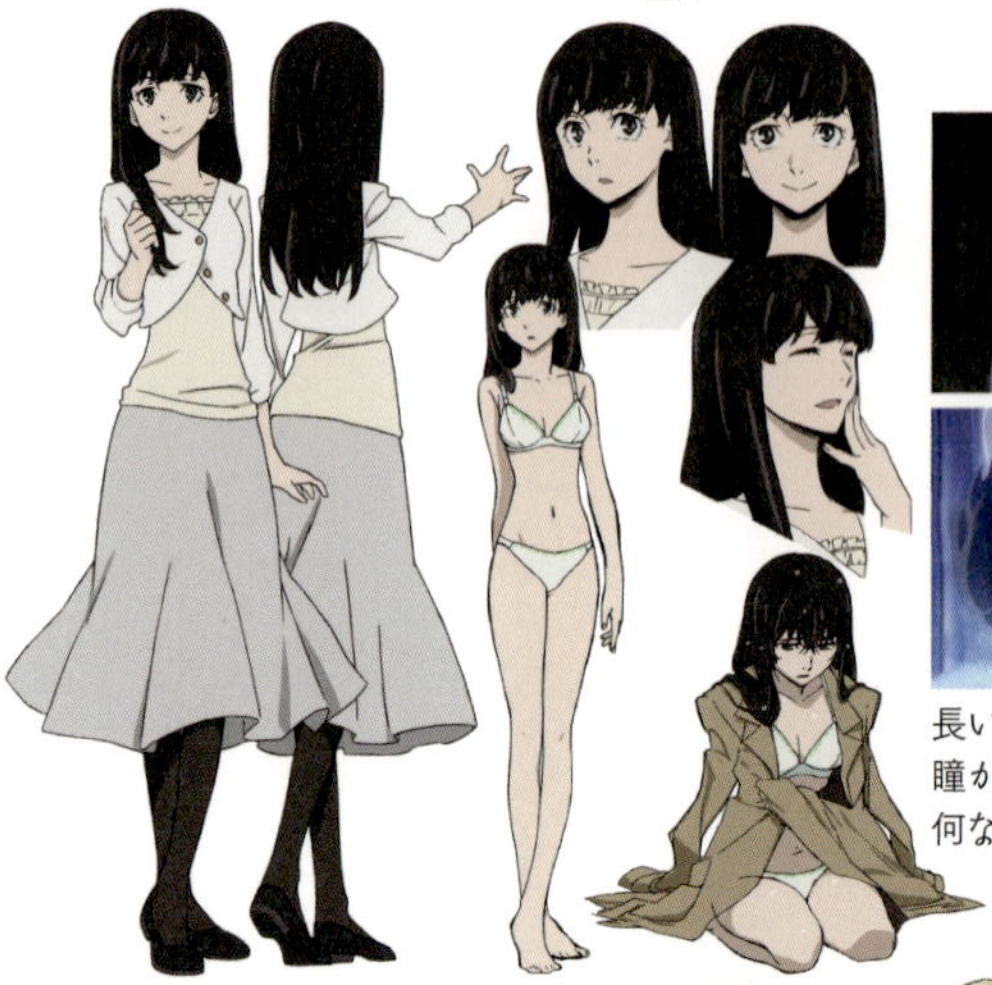

長い黒髪が鮮やかな信子。その瞳が国木田に強く訴えるものは何なのだろうか

大きな肢体だが素早い動きで相手を攻撃。その腕力は半端ない

大男

cv 松川央樹

金髪の男の相棒。国防軍施設の防空壕で爆弾の起爆を司る通信機の警備をしている。褐色の肌に筋骨隆々という体型。非常にタフで太宰が渾身の一撃で大男の鳩尾を殴っても、まったく効いていない。あまりにも凄い腕力の為、太宰が荷運び業者に転職すればいいと軽口を叩くほどだ。

相手に手を触れずにあざやかに攻撃を仕掛けることができる

金髪の男

cv 野島裕史

異国の臓器密売組織のメンバーで武器商人。パーカーを羽織り、スレンダーな体型。異能力は戦闘型で遠隔攻撃系。相手に数字を刻んで、たとえ地球の裏にでも、好きな方に吹き飛ばすことが出来る。その数字がゼロになった時、相手は苦しみもがいて死ぬしかないという。

タクシー運転手

cv 堂坂晃三

誰よりも横浜の道に精通している運転手兼情報屋。元舞台役者で全然売れない俳優だった為、タクシー運転手に転職した。国木田の知り合い。横浜連続失踪事件の11人の被害者のうち2人を目撃したと言っていたのだが、実は新興の臓器売買組織の手伝いをさせられていた。

仮面を被るのはお手の物。日頃の業務を行いつつ、ターゲットを探していた

蒼き王

cv 細谷佳正

蒼色旗のテロリスト事件の犯人。元官僚で、純粋に犯罪のない世界を望む理想のあまり、政府施設を次々と爆破。標的は検察のミスで不起訴となった殺人犯や、国際的な政治汚職を行った議員など、法で裁けない凶悪犯だった。国木田がアジトを突き止めた為、追いつめられて自爆して果てる。その際に突入してきた刑事全員を巻き添えにした。

虐げられる人のない理想の世界を模索して、理想と現実の狭間に落ちたのか

反撃に転じた与謝野が最初に殴った部分を聞く際、アニメでは梶井基次郎の「ど、どちらかと言うと、こちら側に」というセリフが追加されている。原作では2発殴ったあと、「これで平等（イーブン）だ」という男女平等主義者の与謝野らしい台詞が続く

敦がぶつかる中年男性。原作では与謝野に「女らしくアンタの貧相な××を踏みつぶして××してやろうか?」とすごまれる。さらに爆弾を仕掛けられた列車にも乗り合わせ、与謝野に事態の打開と××を依頼する

第八話 人を殺して死ねよとて

見た目の大きさ以上に、様々な道具が詰め込まれている与謝野の診察鞄。絵コンテにも「どうやって入っていたかわからないサイズの鉈が出てくる」「※手品っぽくてかまいません」との但し書きがある

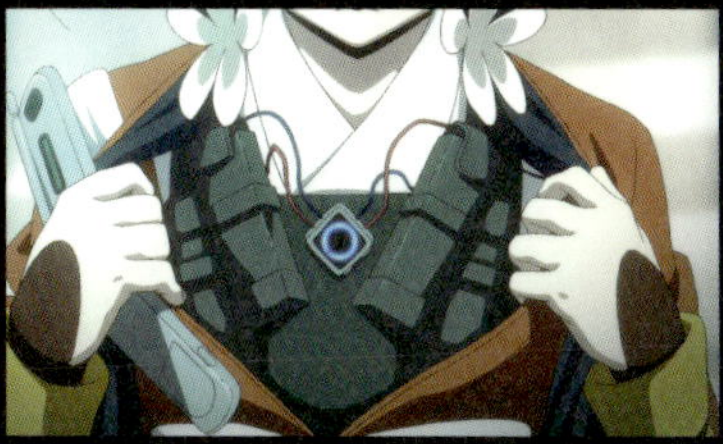

「死」とはなにかって？教えてやるよ。死は命の喪失さ

与謝野晶子

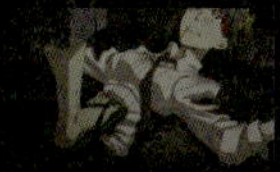

私は鏡花、35人殺した。もうこれ以上、1人だって殺したくない！

泉鏡花

［STAFF］
脚本：榎戸洋司
絵コンテ：池添隆博
演出：米田和弘
作画監督：塚本知代美、西島翔平、菅野宏紀

［STORY］

太宰が行方不明になるが、武装探偵社の社員たちは誰も気にしない。そんなある日、与謝野の買い物に付き合う敦。しかし、2人の乗った列車に、突如として恐ろしいアナウンスが鳴り響く。指名手配中の爆弾魔・梶井基次郎だ。

爆弾を探す2人だが、与謝野は梶井の「檸檬爆弾《レモネード》」に、敦は太宰を拐《かどわ》かした少女・泉鏡花の「夜叉白雪」に行く手を阻まれる。瀕死となった与謝野は「君死給勿」で自らを治癒して梶井を屈服させ、爆弾の解除方法を聞き出す。爆弾は少女の身体に据え付けられていたのだ。もう殺したくない、と叫び列車から飛び降りた鏡花を人虎に変化した敦が救った。

五十嵐監督コメント

「ずいぶん遅くなりましたがヒロインが登場です（笑）。正確に言うと、泉鏡花ちゃんがヒロインなのかどうか、僕はちょっと判らないんですが（笑）。ただ、敦には彼女と出会うことで気づけることが確実にあって、同志のような存在にこれからなっていく……という関係性が始まるとても大事なエピソードです」

第九話 うつくしき人は寂として石像の如く

冒頭、医務室で白衣を着た与謝野が確認できる。原作にはない、アニメならではのコスチュームバリエーションだ

[STAFF]
脚本：榎戸洋司／絵コンテ：吉田泰三／演出：池下博紀／作画監督：下條祐未

少年の食べる中華まんが気になる鏡花を、デートに誘う敦。原作ではショーウィンドウの洋服であるので、鏡花は美味しいものに弱い演出を意図したか？　先を歩く鏡花について行く敦は、絵コンテに「尻にしかれるタイプ」との注意書き

欲しいぬいぐるみが手に入った
泉鏡花

橘堂の湯豆腐を食べたいという鏡花の頼みに、快く応じる敦。しかしとんでもない高級店であることを知る国木田のリアクションが、絵コンテには「マジか…の表情を向ける国木田」、シナリオには「国木田の、貴様は恐い者知らずか、という目」と記されている

若《も》し恙《つつが》なく新人を連れ戻せたら——褒めてやる
福沢諭吉

[STORY]

武装探偵社に運ばれた鏡花は、生い立ちやこれまでの所業、自分を操っているのが芥川であることを語った。軍警察に連れて行くよう命じる国木田に、敦はどうしても納得できず鏡花とヨコハマをデートする。

その頃、ポートマフィアに囚われた太宰は、かつて部下であった芥川や、元相棒の中原中也から裏切り者として罵られていた。

敦が驚くほどヨコハマを歩き回った鏡花が最後に行きたいと願ったのは、派出所。だがそこに芥川が現れ、敦を拐かす。運ばれたのは、外国行きの貨物船の中だった。ただちに社長の福沢諭吉は業務を凍結、国木田に救出を命じたのであった。

五十嵐監督コメント

「敦が言われたことをそのまま遂行するのではなく納得できないことに対して葛藤し初めて自ら行動する回です。自分で考えて自分で行動して自分でちゃんと責任をとる。それって自分で生きて自分で死ぬってことなんです」

敦と鏡花のデートコース

敦の何気ない提案で始まった、敦と鏡花のヨコハマデート。主要な建物の位置や構造は暗殺者の知識として頭に入っている鏡花だったが、実際にその場所を訪れるのは初めてなのだろう。「地図で見知った」ヨコハマが新世界のように瞳に映ったであろうことは、大観覧車や大さん橋での鏡花の表情や行動でよく判る。湯豆腐を堪能したにもかかわらずクレープやあんみつは「別腹」と言うほど、年相応の少女らしく鏡花の甘いもの好きも炸裂。その表情を見る敦もホッとしたような優しい顔だ。

橘堂

鏡花がここの湯豆腐を食べたいと所望するくらい、豆腐好きにはこの上ない高級な店だ

元町・中華街

中華街では歩きながら中華まんをほおばるのが定番。歩くだけでも楽しいはず

大観覧車

街を一望に見渡せる大観覧車からの景色は、鏡花にとっては驚きだっただろう

赤レンガ倉庫

通常の倉庫街とはかけ離れた雰囲気。内部にも食べ物屋があるが、外で食べられる

横浜スタジアム

地図では知っていても実際に訪れると、鏡花はその大きさに驚いたのではないか

あんみつ屋

大さん橋

女子の「甘いものは別腹」気質がここでも炸裂。大さん橋の国際客船ターミナルから見るみなとみらいの景色は未来的だ

ゲームセンター

鏡花の大好きなウサギのぬいぐるみを取ってくれた敦はいくら使ったのだろうか……

県立歴史博物館

日本の総合博物館としては先駆的だが、ノスタルジックな建物は何か親しみを感じる

港の見える丘公園・山下公園

港が見渡せるだけでなく、様々な花が咲いている。鏡花の心の癒しになったのでは

▲ウサギのぬいぐるみ

横浜税関本関庁舎

威風堂々とした建物は、異国からの密輸を防ぐ最前線だ

第十話 羅生門と虎

麒麟《きりん》も老いぬれば駑馬《とば》に劣るってか?
「歴代最年少幹部」さんよ
中原中也

無価値な人間に
呼吸する権利はない
芥川龍之介

太宰の前に元相棒の中原中也が現れる。2人は激しく殴り合う。太宰と中也が対峙する緊迫のシーンだ。一転、中也が太宰にしてやられるコミカルなシーンになる。シリアスとコミカル、このメリハリが本作の魅力でもある

走れ敦!!
国木田独歩

芥川のあまりの強さに、逃げ腰だった敦。しかし、鏡花が捨て身で敦を助けようとした姿を見て、芥川と戦う決意をする。このときから、敦の表情が一変、怯えた目が強い光を帯びる。虎化の制御も可能になり、芥川と互角に戦う。異能を尽くしたバトルがダイナミックに描かれている

【STAFF】
脚本:榎戸洋司
絵コンテ:池添隆博
演出:山岸大悟
作画監督:石野 聡
作画監督補佐:
西島翔平・塚本知代美・徳岡紘平

【STORY】

芥川の罠にはまり、ポートマフィアに捕獲された敦は、鏡花と共に密輸船で引き渡しの地へと運ばれていく。敦救出の為、小型高速艇で国木田が密輸船を追う。

密輸船では、敦が芥川の執拗な攻撃を受けていた。自分に向けられる芥川の激しい憎悪に戸惑いながら、敦には為す術もない。その時、鏡花が自らを犠牲にして敦を助けようとする。駆けつけた国木田は、鏡花を残して逃げるように諭す。敦は一瞬迷うが、鏡花の元へ走る。

「勝負だ、芥川!」

芥川の羅生門が黒獣となって敦に殺到し、敦は虎化してこれに反撃。船上で黒獣と白虎が激突する。

五十嵐監督コメント

「敦と芥川に関して、序盤では相反する見せ方をしてきました。でも、2人が正面から対峙する第10話にたどり着いたときに詳らかになるのは、『同族嫌悪』の2人。ここではその2人の存在が究極に近づく瞬間を描いています」

誰かに生きる価値が有るかどうかを
お前が決めるな!!
中島敦

芥川と敦の激闘は終結。敦と鏡花は沈みゆく船を後にする。「懸賞金作戦は失敗、か」。白虎に70億の賞金をかけた、黒幕の姿が浮かび上がり、新たな戦いの訪れを予感させる

芥川の異能「羅生門」にはいくつかのバリエーションがあるが、異色なのが防御機能「空間断絶」だ。空間を喰い削り攻撃が届かないようにする。しかし、発動に時間がかかる難点があり、敦のスピードに気圧される

芥川のコートは、いつもふんわりと膨らんでいる。これは女性がドレスのスカート部分を膨らませるための下着、パニエを中に入れているイメージで作画されている。鏡花の帯の設定は「無重力」。敦の尻尾のようなベルトも基本的に浮遊状態だ

▲ ゼルダ号
フランシス・Fが所有する豪華船舶。
これに乗り「組合（ギルド）」の面々はヨコハマへとやってきた

▲ コンテナ船
拐われた敦はこの船に載せられ、外国に送られようとしていた。
受け取り手は懸賞金を懸けていた北米異能力者集団「組合（ギルド）」——!

第十二話 其の一
彼女には向かない職業

【STAFF】
脚本：榎戸洋司
絵コンテ：吉田泰三
演出：森川さやか
作画監督：菅野宏紀
作画監督補佐：服部聰志

原作において、鏡花が武装探偵社の所属を懇願するシーンに箕浦刑事が再登場。ここで諭吉は「孫娘」と言ってあっさりと認めさせる。都会の警察の忙しさに賢治が感嘆するのは、アニメも原作も同様に描かれる

貴女は我々の上司だ。上司の危機とあっては、動かぬ訳にもいくまい
広津柳浪

帰宅した樋口は、誰に話しかけるわけでもなく「ただいま」と呟く。実際の樋口一葉には妹がいたが、それを反映して樋口も妹と暮らしているのだろうか？

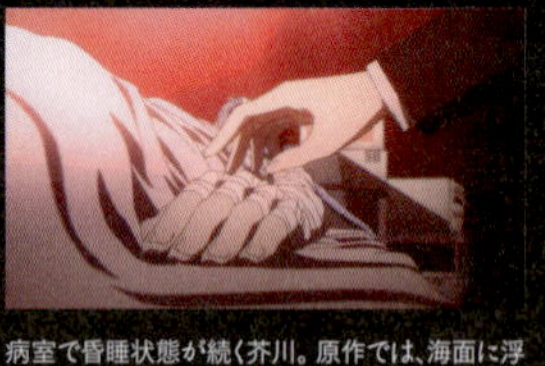

病室で昏睡状態が続く芥川。原作では、海面に浮かぶ芥川を樋口が発見、飛び込んで救助している。常に芥川の居場所を気にしているということか

何も出来ませんよ！
でも、何もしないなんて
私には無理です！
樋口一葉

【STORY】

敦との戦いで重傷を負った芥川は、意識不明のまま眠っていた。これに乗じ、芥川が壊滅させた密輸組織カルマ・トランジットの残党が復讐のため彼を拐う。組織同士の抗争に発展しないよう、首領からの奪還命令が来ることはなく芥川は切り捨てられた。そう悟った樋口は、広津や立原の制止を振り切り、勝算のない戦いと知りながら夜の街を走る。

倉庫に屯する密輸組織の傭兵たちに戦いを挑む樋口だが、足を撃ち抜かれたちまち窮地に陥る。絶体絶命の彼女を救ったのは、広津ら黒蜥蜴の一団であった。芥川もまた、我が身を厭わない樋口の献身に、「済まんな」と手を握り応じるのであった。

▲ 樋口の部屋
必要最低限のものしか置かれてない質素な部屋だ。深夜の呼び出しでも、彼女はここから飛び出していく

第十二話 其の二 有頂天探偵社

すでに敦を「小僧」ではなく「敦」と名前で呼ぶ国木田。仕事を命じる際も「お前ならやれる」の一言に、絵コンテは「うれしそうに返し」「やる気の表情で」「はい…」、シナリオは「……（やる気と決意の表情で）はい！」と丹念な演出が指示されている

賢治の遣り方はオリジナルすぎて参考にならん！
国木田独歩

みなさん こうやって素直に 告白していただけるんですよ！
宮沢賢治

ラストシーンで太宰が呑んでいるのは、清酒「蟹田」。実際に太宰治も愛飲した津軽の酒で、絵コンテにもシナリオにも記述のないコラボ演出だ

ギャング相手に、「僕たちは武装探偵社です」と身分証明書を見せる賢治。他の社員も携行しているのだろうか。ちなみに原作では「街のしがない探偵屋さんですよ」と名乗るのみ

【STORY】

難事件の解決を依頼すべく、箕浦刑事が武装探偵社を訪れた。話によれば、走行中の車が謎の爆発を起こし、ビルの最上階まで吹き飛んだという。仕事を覚えるべく、賢治と共に現場に赴く敦。聞き込み調査から、互助青年会――都会ふうに言えばギャングが怪しいと見当をつけた賢治と敦は事務所を訪ねるが、当然ながらシラを切られる。

事務所に戻ろうとする賢治らを、先ほどのギャングたちが囲んだ。彼らこそ犯人と確信した賢治は、異能力「雨ニモマケズ」を発現、それは鉄壁の防御と怪力の異能力だった。誰にも真似のできない強引な方法で事件を解決したのであった。

五十嵐監督コメント

「中間管理職的苦悩という、ストレス社会の縮図の中で生きる樋口一葉のエピソードと、そんな普通さとはかけ離れた、まったく計算しないで動いて結果オーライな宮沢賢治のエピソードの2本の連作のコントラストとなっているのが、この話数の面白さだと思っています。本当に対照的です（笑）」

第十二話 たえまなく過去へ押し戻されながら

よく見ておけ親友《オールド・スポート》
俺は、欲しいものは
必ず手に入れる
フランシス・F

ルーシーは赤毛で孤児院育ちだが、長編小説「赤毛のアン」の主人公アン・シャーリーに由来しているものだ

【STAFF】
脚本：榎戸洋司
絵コンテ：池添隆博
演出：佐藤育郎
作画監督：徳岡紘平

頭に札束の詰まった成金が
易々と触れて良い
代物では無い
福沢諭吉

【STORY】

敦に賞金を懸けたのは「組合（ギルド）」という北米異能力者集団の団長フランシスだった。作戦が失敗したと判ると、フランシスは探偵社に乗り込み「異能開業許可証」の買収を持ち掛けるが、福沢はその提案を一蹴。その場は引き下がったフランシスだが、賢治が行方不明になり、7階建ての建物が一夜にして消滅するなど、ギルドは探偵社にもポートマフィアにも圧力をかけてきた。

その直後、街中でナオミが姿を消してしまった。ギルドの一員・ルーシーの異能力が、敦と谷崎だけでなくその周辺の人々を異空間に引きずり込む。敦はそこで「深淵の赤毛のアン」という異形の少女人形と対峙する。

五十嵐監督コメント

「組合（ギルド）という組織が台頭してくる回ではありますが、ポイントはやはり森鴎外の登場でしょう。ポートマフィアをまとめている人間というのはどういう人間なのか、森鴎外という人間が表に出てくることによって、いろいろなことが動き出します。いざ第2クールへ！という感じですね」

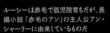

ルーシーの異空間の中で、鴎外は戦戯（ゲエム）理論を持ち出し、徹底反撃することを勧めている。原作ではこれに「二度と反逆されぬよう」とまで言っている。これはポートマフィア首領としての理論であり最適解なのだと思われる

ねえ、なぜ貴方なの？ なぜあたしではないの？

ルーシー・M

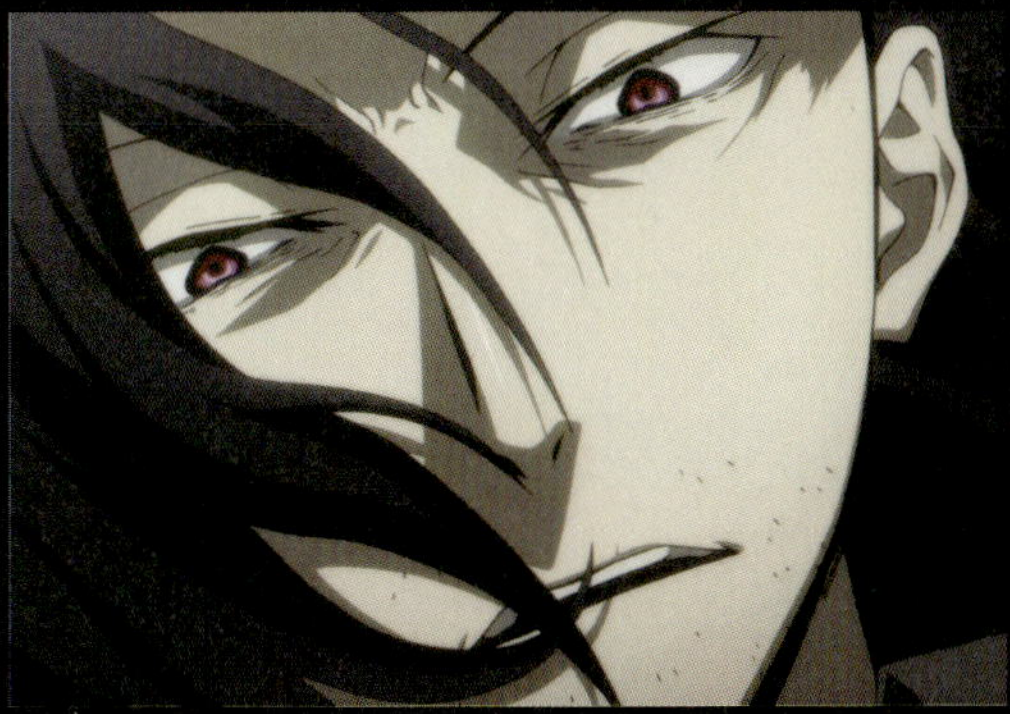

異形の少女人形の服は、「赤毛のアン」のアン・シャーリーが日曜学校に着ていきたいと願ったが与えられなかった、袖の膨らんだフリルのついた白の可愛い服に由来する

最適解が必要だね ギルドも、探偵社も

森鴎外

ジェームズ・L

CV 徳本英一郎

フランシスと共に日本へやってきたギルドの一員。ルーシーとは別に刺客としてポートマフィアに乗り込んだが、返り討ちに遭い死亡してしまう。

▲ アンの部屋

ルーシーの異能によって作られた異空間。メルヘンチックな空間で、ぬいぐるみやおもちゃが散乱している

▲ 部屋の扉

白い扉は外界への脱出路。黒い扉の中にはアンに捕まった人々が囚われている。鍵もまた怪物で、容易に開けることは出来ない

フランシス・F

Francis F

能力名——華麗なるフィッツジェラルド（カレイナルフィッツジェラルド）

詳細は不明。

CV 櫻井孝宏

俺は欲しいものは必ず手に入れる

お付きを従え、華麗にヘリから降り立つフランシス。福沢をどうにか懐柔しようと、最初は下手に出る

すべては金の力。欲しいものはどんな手段を取っても手に入れるという覚悟が読み取れる

［FRONT］　［BACK］

「組合（ギルド）」と呼ばれる北米の異能力者集団の団長で、自身もいくつもの企業を有す大富豪である。武装探偵社を訪れる際、高速道路にヘリを停めるなど、常識外れな行動をとる人物だ。敦に莫大な賞金を懸けた黒幕で、探偵社が持っている「異能開業許可証」を狙っている。「オールド・スポート」は『華麗なるギャツビー』で主人公が多用した言葉が元ネタ。北米出身とみられるフランシスが使うことで、彼のジェントルマン的な振る舞いが擬似ハイソ感を溢れ出す要因となっているようだ。

Profile

- 年齢 ● 32歳
- 身長 ● 191cm
- 体重 ● 88kg

ルーシー・M

Lucy M

CV 花澤香菜

能力名——深淵の赤毛のアン（シンエンノアカゲノアン）

異空間「アンの部屋」を作り出し、対象を閉じ込める。異形の怪物・アンとの鬼ごっこに負けると、異空間に囚われてしまう。

お茶会のような異空間を作り上げたルーシー・M

不公平よ。貴方もあたしの気持ちを思い知るべきだわ……この部屋の中で永遠にね！

ルーシー・M自身も異形の人形・アンと表情が似て、残酷さに拍車がかかる

［FRONT］　［BACK］

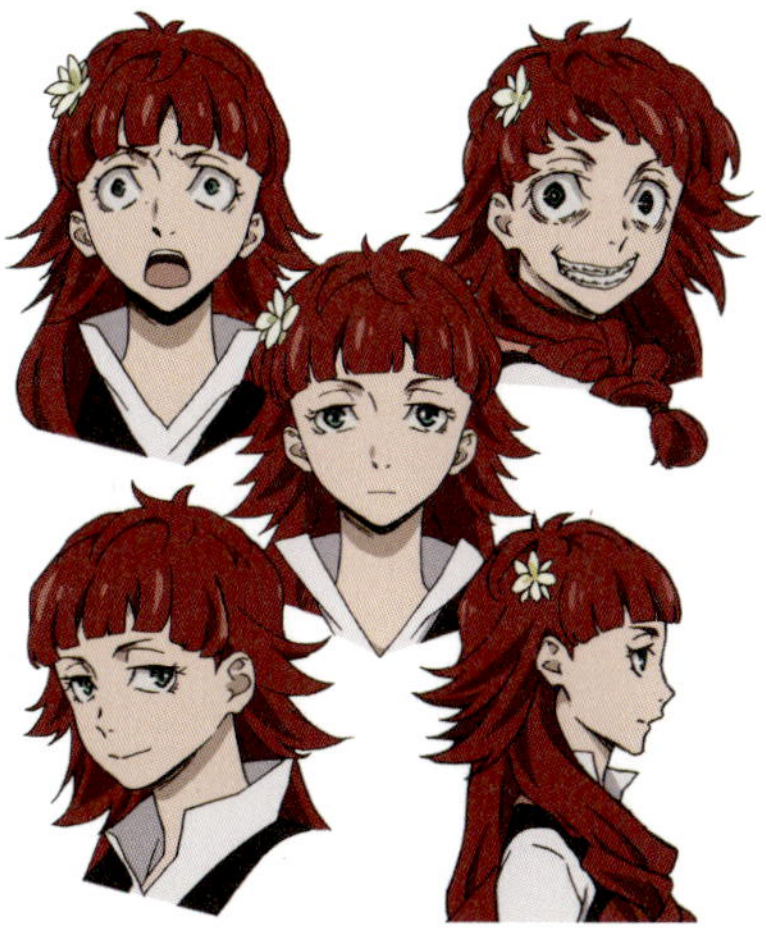

「組合（ギルド）」の構成員。夢見がちな少女のような口調で、ターゲットを作り上げた異空間に捕らえる。組合では一度失敗しただけで組織から放逐されることから、「失敗出来ない」という重圧に耐えながら任務を遂行している。孤児院育ちで、自分と似た境遇にもかかわらず、仲間に恵まれている敦に激しい妬みを抱き、怒りをぶつける。『赤毛のアン』の主人公のように、おしゃべりな赤毛の少女で、ゆるく結った三つ編みと歯の矯正が印象的だ。

Profile

年齢 ● 19歳
身長 ● 165cm
体重 ● 44kg

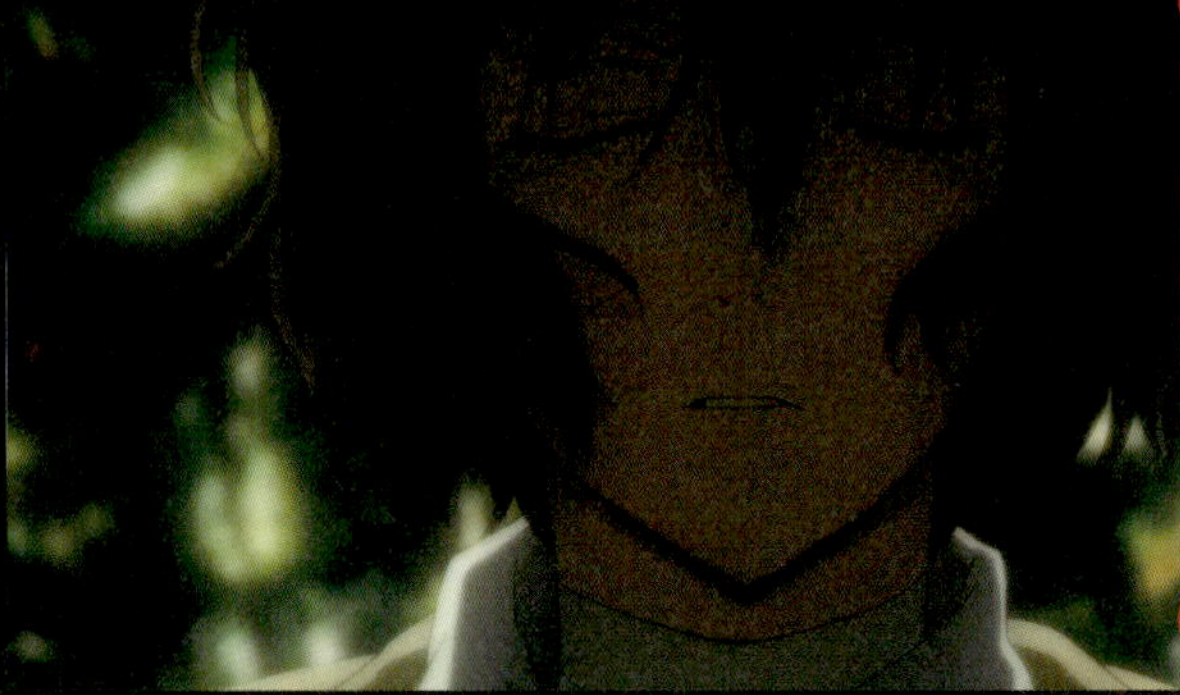

OPENING

タムラコータロー

絵コンテ・演出

バトルものOPの色彩

「楽曲からイメージしたのは、夜の街の艶やかさ。セピア調で茶色いキャラクターたちですが、バトルものOPとしては印象が弱くなってしまうので、緑を基調とした背景で赤をポイントとし、コントラストをつけました」

太宰、目覚めるとき

「チャンスをうかがっているようなニュアンスで、目をつむり落ちていく。僕はこの太宰を"眠れる王子様"と呼んでいます（笑）。彼が精神の奥底に眠るものを起こしたとき、それによって行動する人たちが現れるんです」

「Gメン」ふう探偵社

「自分もメンバーに加わりたいと思うような雰囲気が、グループものの醍醐味のひとつ。ちょっと古い刑事ドラマの『Gメン』っぽいイメージで武装探偵社をザザッと歩かせたり、ポートマフィアを並べてみました」

期待値を上げるために

「本編の期待値を上げることがOPの役割だと思うので、相応のアクションシーンをつくらないといけないというプレッシャーは大きかったですね。あと、女性陣を強そうな印象で並べてみたのは個人的な趣味です（笑）」

ヘタレの主人公へ期待を込めて

「原作を読んで思ったのは、モチーフとなっている文豪の存在を意識しすぎるとつまらなくなってしまうだろうなということです。大切なのは、この作品内におけるキャラクターたちの立ち位置。OPをつくるにあたっても、原作の朝霧（カフカ）さん、春河（35）さん、五十嵐（卓哉）監督、榎戸（洋司）さんたちが表現しようとしているポイントを見誤らないよう心がけました。

そこで、最初に思い浮かんだのがスタイリッシュに落ちていく太宰の姿でした。五十嵐監督と話していて、太宰が物語を引っ張っていく存在であり、彼の「思い」がほかのキャラクターたちを動かしていくことがわかったんです。途中、太宰と中也、敦と芥川が戦っていますが、別の場所にいる者同士にもつながりを感じさせるカット割りを意識しました。ラストの太宰の顔は影を落として、芥川と対比させることによって含みをもたせています。そして、最終的には主人公である敦のもとに武装探偵社のメンバーがそろって……という流れです。序盤の敦はなかなかのヘタレですが、そんな彼が今後どうなるのかという期待を込めたOPにしたいと思ったんですよ。毎週流れるものなので、本編が進んでいくにつれ意味が判明していくように、何度も見直したくなる構成を考えています。

細かいオーダーはありませんでしたが、強いて言うなら、文豪がモチーフの作品なので『文字』が印象に残るつくりにしてほしいと言われました。そのこともあって、原稿用紙の罫線を背景にスタッフテロップを動かしているのですが、肝心のメインスタッフの名前が見えづらくならないよう気をつけています。特に五十嵐監督と榎戸さんのお名前は、個人的なリスペクトも含め、配置に注意しているんです（笑）」（タムラコータロー）

ENDING

梅津泰臣

絵コンテ・演出・作画監督

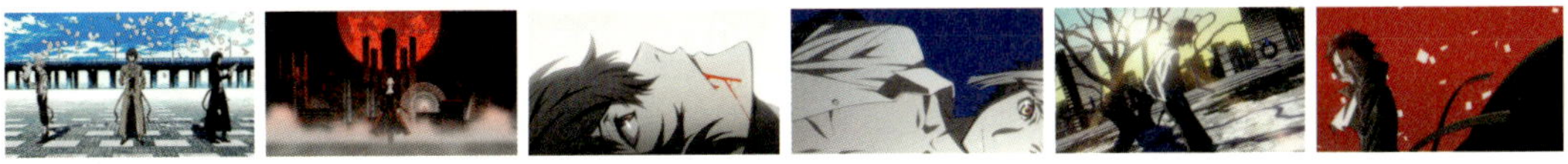

悪側にある芥川の思いに共鳴した

「文豪で、バトルもの。しかも、必殺技は本のタイトルって、最初は『何じゃそりゃ（笑）』と驚きました。でも、実際に読んでみると納得で、巻数を追うごとにキャラクターたちに共鳴していきました。特に芥川には悪側の人間といえど憎めない部分があります。それから、作品に対する解釈などを話し合った最初の打ち合わせで、五十嵐（卓哉）監督がいきなり『僕、友達がいないんです』とおっしゃったことも忘れられません（笑）。そんな自分の一部分をキャラクターと重ねて、この作品に取り組んでいるんだなということがわかりました。

作品の世界観から外れて暴走ができないOPと違って、EDは『遊び』の要素を入れながら本編が持つものをシンボリックに表現できるので、考えるのも楽しいです。通常は同じようなシークエンスが入らないようOPのコンテも見せていただくのですが、今回は『名前を呼ぶよ』という楽曲を聞かせていただいた時点で、絶対にテイストが異なると思ったので参照しませんでした。本当に何百回と聴いているので、体に染み込んでいます。

後々、負担が少なくなるようなコンテを描くという選択肢も一考しました。手を抜くわけじゃなく、動かさなくても印象に残る映像をつくることはできるから。でも、この作品に関しては全編でポイントになる動きのカットが必要だなと思いました。ボンズの鈴木（麻里）プロデューサーからも、その方向性でお願いされたので、なおさらでしたね。もともと、これまでもよく原画のお手伝いをしていた彼女が初めてメインでプロデュースする作品ということで引き受けた面も大きいんです。

本編同様に先の展開に想像をめぐらせながら、いろいろ感じてもらえたらうれしいです」（梅津泰臣）

ページをめくる喜び

「電子書籍も盛んだけど、僕は『紙』にこだわりたいタイプ。まして、自分も昔読んだ文豪たちの名前を持つキャラクターたちの物語ですから。アナログ的な要素がほしくて『ページをめくる』ということを表現しました」

3人の関係を軸に

「五十嵐監督から『どのキャラクターを出してもいいけど、メインを敦と太宰と芥川にしてほしい』というリクエストがあったんです。僕自身も原作を読んで芥川の心情にコミットしたので、シンプルに3人の関係性でまとめました」

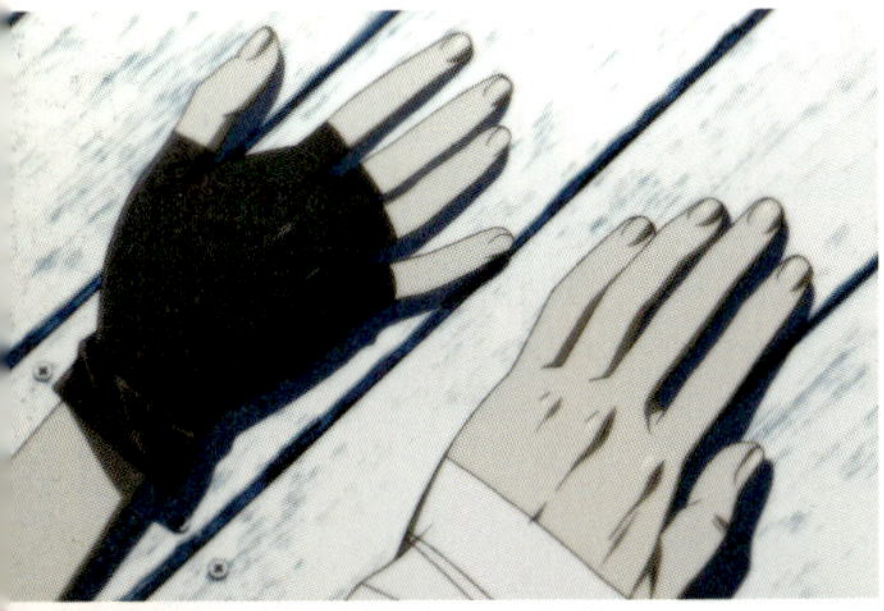

「涙」の海に沈んで

「真っ先に浮かんだのが『水中』のモチーフでした。それは、関係するキャラクターたちが流した涙の海。敦には太宰によって救われる暗示がありますが、芥川は悲しみを通り越した絶望の赤い涙を流し、怒りの火花を咲かせます」

希望の「ガオー」

「最後に曲調が上がるので、叙情的な流れをそのまま落とし込むのではなく、コミカルに襲いかかる敦のカットで、希望を持たせるようなはじけた終わり方にしました。いい意味での違和感が残ればいいなと思っています」

※P72とP73 はニュータイプ2016年6月号掲載のインタビューを再編集しました

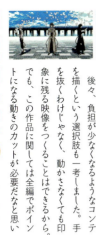

銃器・刃物・爆弾

異能力者集団である武装探偵社とポートマフィアだが、抗争に際しては銃火器も活躍する。港湾都市ヨコハマには多数の船舶が行き交っているが、その中には武器弾薬を載せた密輸船も紛れている。芥川によって拐われた敦が乗せられたコンテナ船も海外に向かう密輸船だった。敦を拐ったトラックは、カルマ・トランジットという、密輸業あがりの運び屋のもの。犯罪者組織の多いヨコハマでは、銃火器の需要は多い。ポートマフィアという巨大な組織が権力を持つヨコハマという街では、裏社会の稼業も横行しているのだ。

そんなヨコハマという街を描く為に、銃器のデザインや扱い方、発砲時の挙動が細かく設定されている。演出としてスタイリッシュなガンアクションを描きつつも、その描写は現実のものに近くなるよう技巧が凝らされているのだ。ポートマフィアや武器商人、密輸業者が日夜抗争を繰り広げている街では、今日もどこかで銃器が火を噴いている。

［ 国木田の銃 ］

煌めく銃口、92Fの口径は9mm。スライドが大きく肉抜きされ、バレルが露出した美しいフォルムは「世界で最も美しい銃」とも評される

▲ベレッタ92F

［ 持ち方・構え方 ］

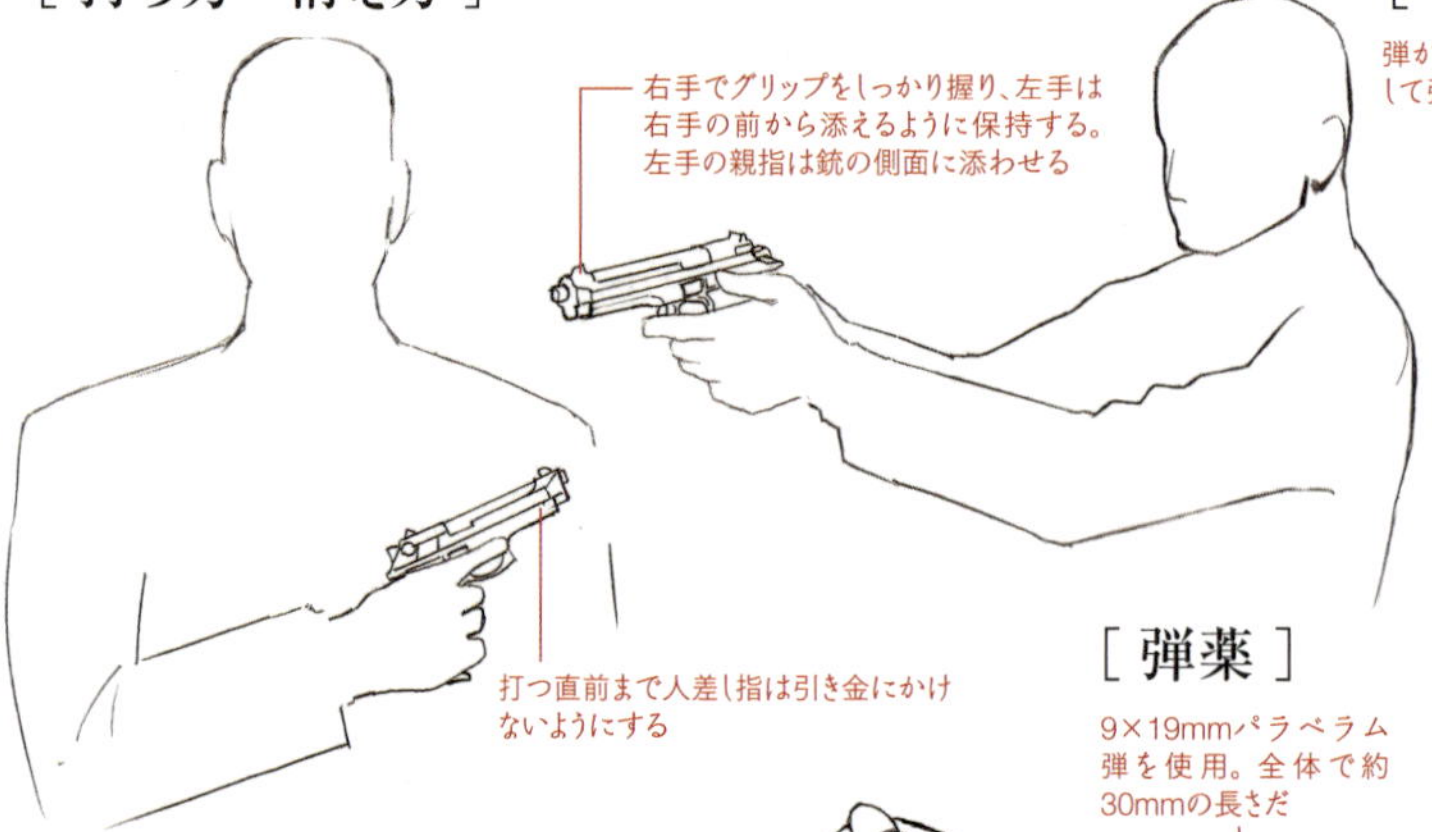

右手でグリップをしっかり握り、左手は右手の前から添えるように保持する。左手の親指は銃の側面に添わせる
打つ直前まで人差し指は引き金にかけないようにする

［ 弾薬 ］

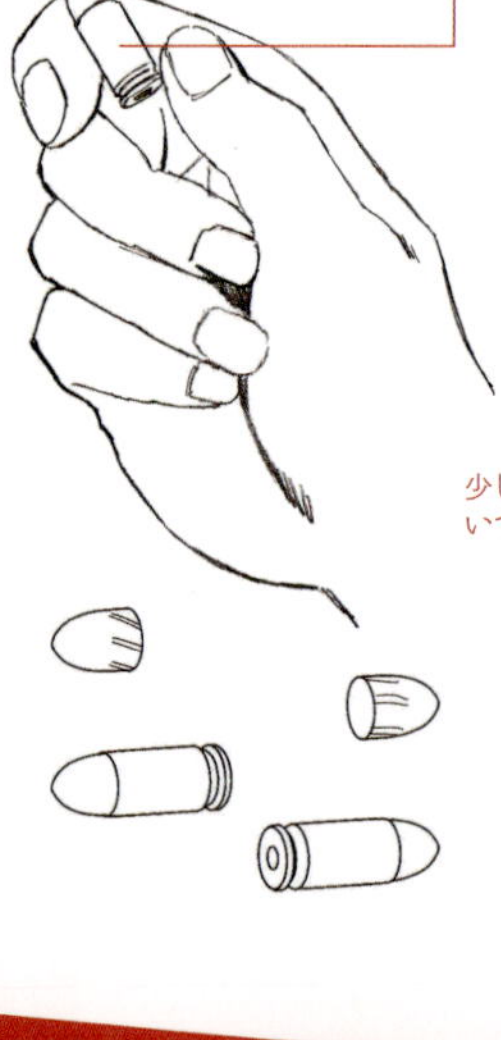

9×19mmパラベラム弾を使用。全体で約30mmの長さだ

［ リロード ］

弾が切れたらグリップ横のボタンを押して弾倉（マガジン）を取り出す
予備の弾倉を差し込む

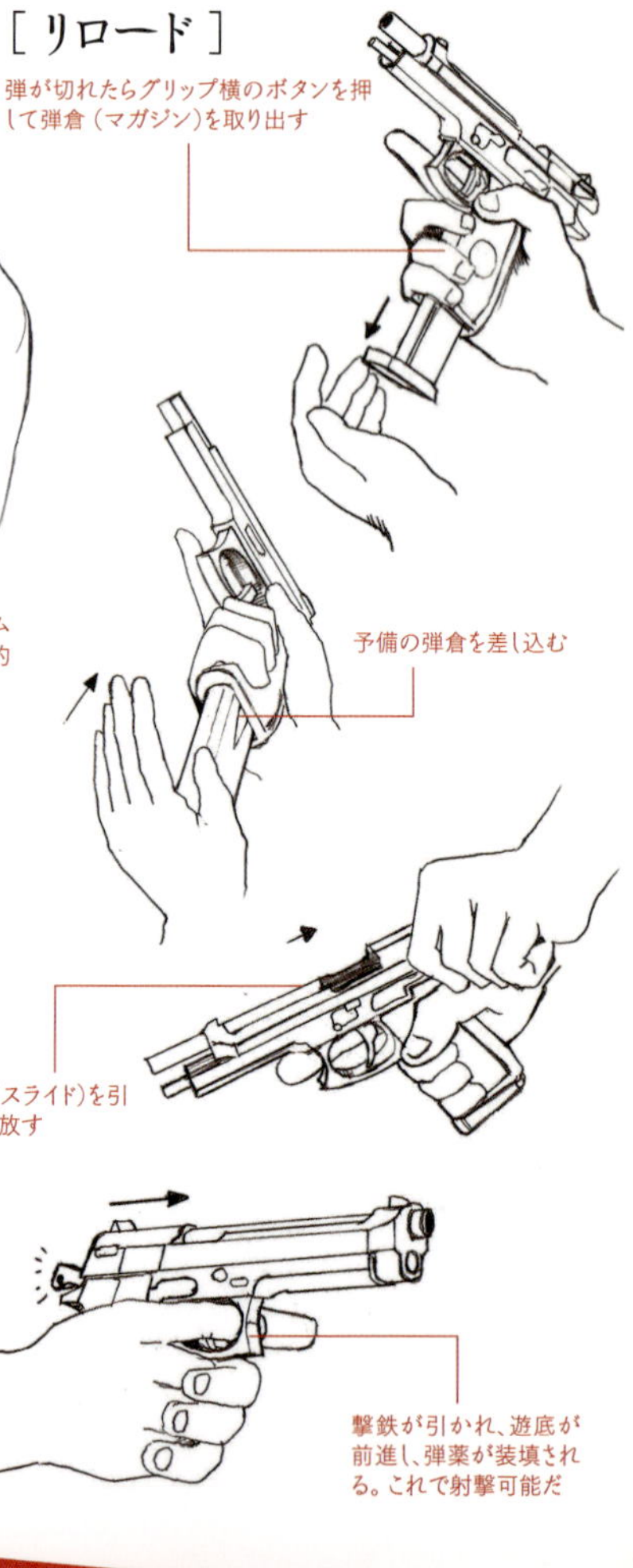
少し遊底（スライド）を引いて、手を放す

撃鉄が引かれ、遊底が前進し、弾薬が装填される。これで射撃可能だ

［ 大型爆弾 ］

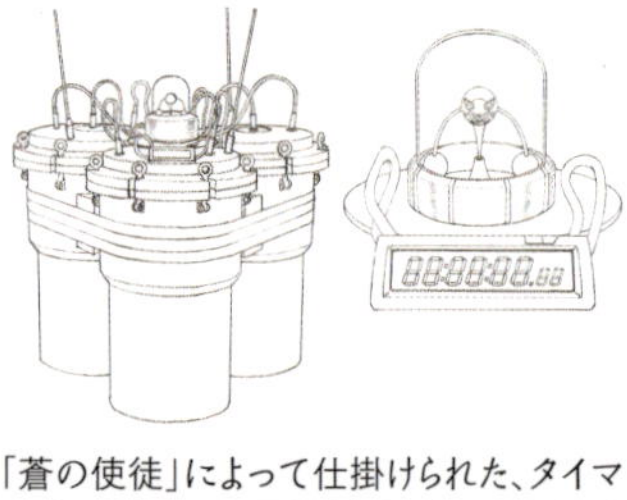

「蒼の使徒」によって仕掛けられた、タイマー式の爆弾。犯罪組織はこういった爆弾までも用いてくる

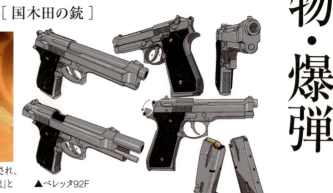

［ 樋口の銃 ］

▲マカロフ（樋口用）

UZIはイスラエルで生まれたサブマシンガン。構造が単純で耐久性も高く、扱いやすい

▲UZI

［ マカロフの構え方と発砲時の動作 ］

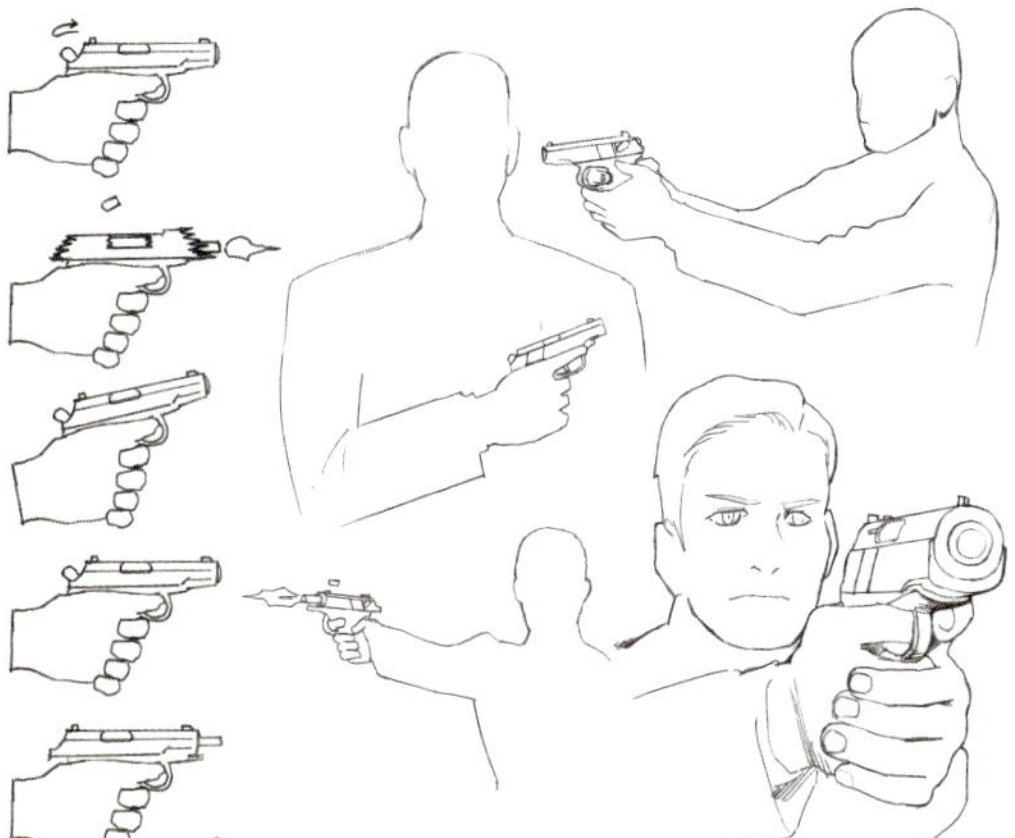

右手でしっかりグリップを握り、左手を添える。左手の親指を遊底の後ろに置かないように注意。引き金を引くと撃鉄が自動的に稼働し、射撃することが出来る（ダブルアクション）

▲マカロフ

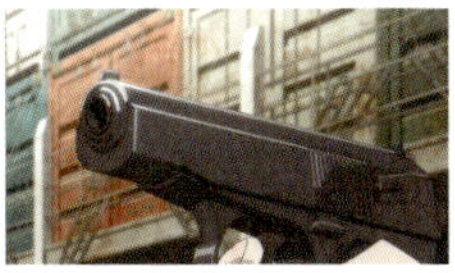

小型で持ち運びのしやすい中口径拳銃。ロシアや中国で製造され、裏社会で活躍した

［ マフィアの銃 ］

「トミーガン」という名称でも親しまれるサブマシンガン。アメリカ合衆国で開発された。マフィアの代名詞とも言われる。ドラム型弾倉が特徴的

▲トンプソン・サブマシンガン

［ トンプソン・サブマシンガンの扱い方 ］

銃床は肩に当て、右頬を添える。引き金を引くと銃弾が連射され、ドラム型弾倉から次々と装弾されていく

［ 銀のナイフ ］

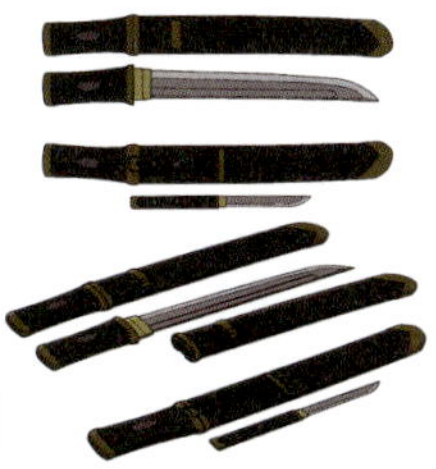

暗殺者が用いるようなナイフ。小柄（こづか）が仕込まれており、投擲も出来る

［ 立原の銃 ］

立原はトカレフを二丁持っている。この銃は安全装置がついていない

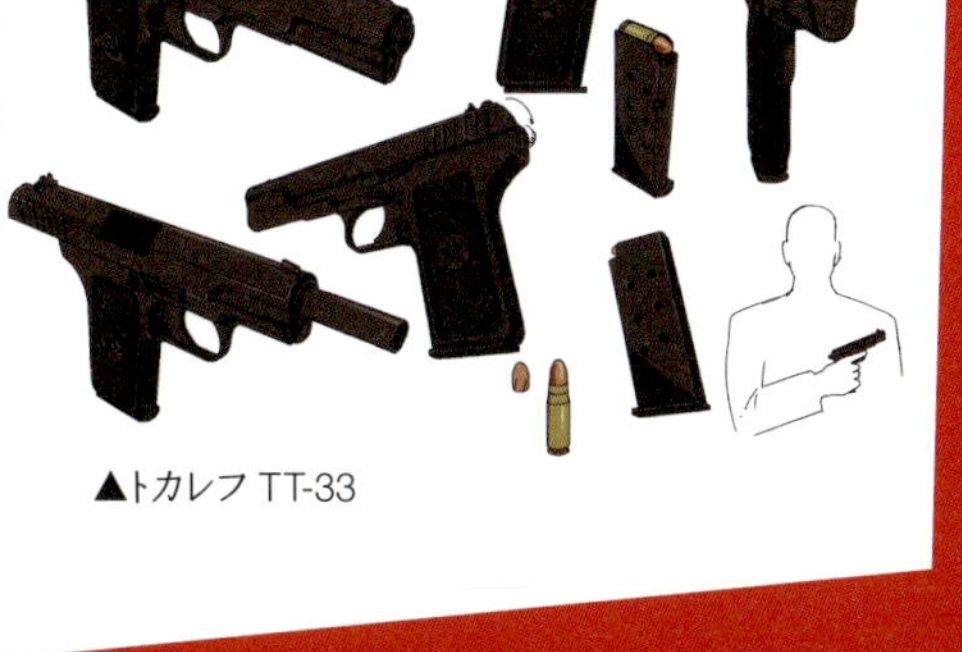

▲トカレフ TT-33

警察官

婦警

[市警察の銃]

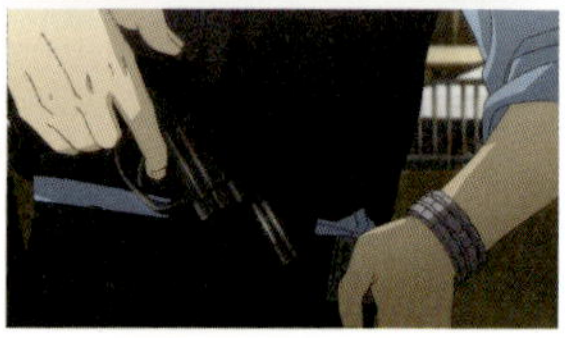

日本の警察官用として長く使用されている回転式拳銃。現在は生産終了している

▲ニューナンブM60

[軍警察の銃]

▲M1911A1

通称「コルト・ガバメント」。100年以上前から親しまれる名銃の改良版。特殊部隊でも使用されている

▲MP5A2

警察の中でも特殊な任務に当たる。プロテクターやヘルメットを着け、銃撃戦に備えた装備をしている

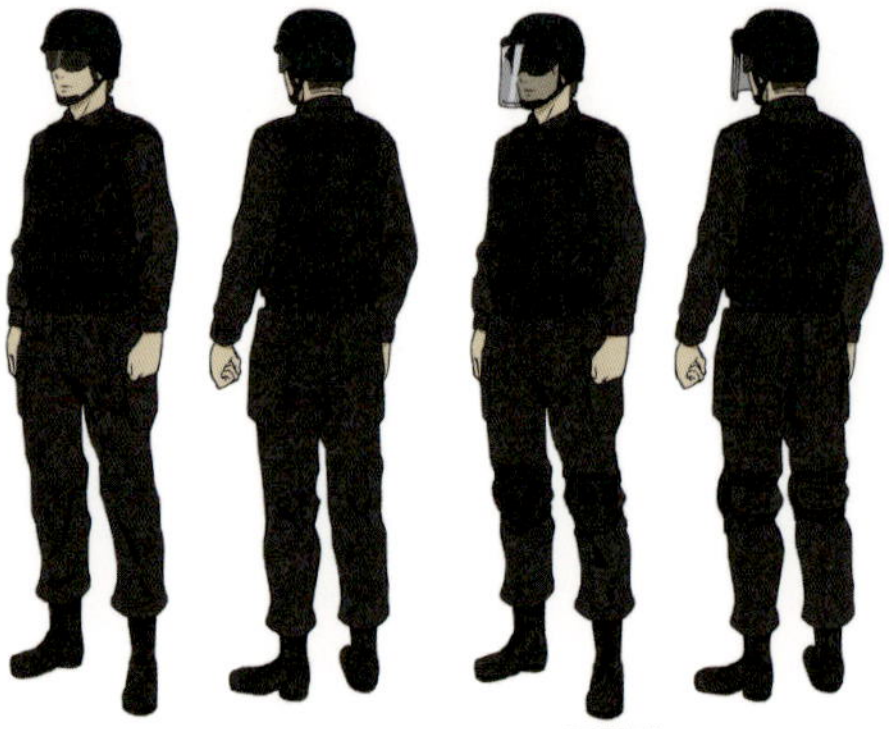

軍警察

[MP5A2 の扱い方]

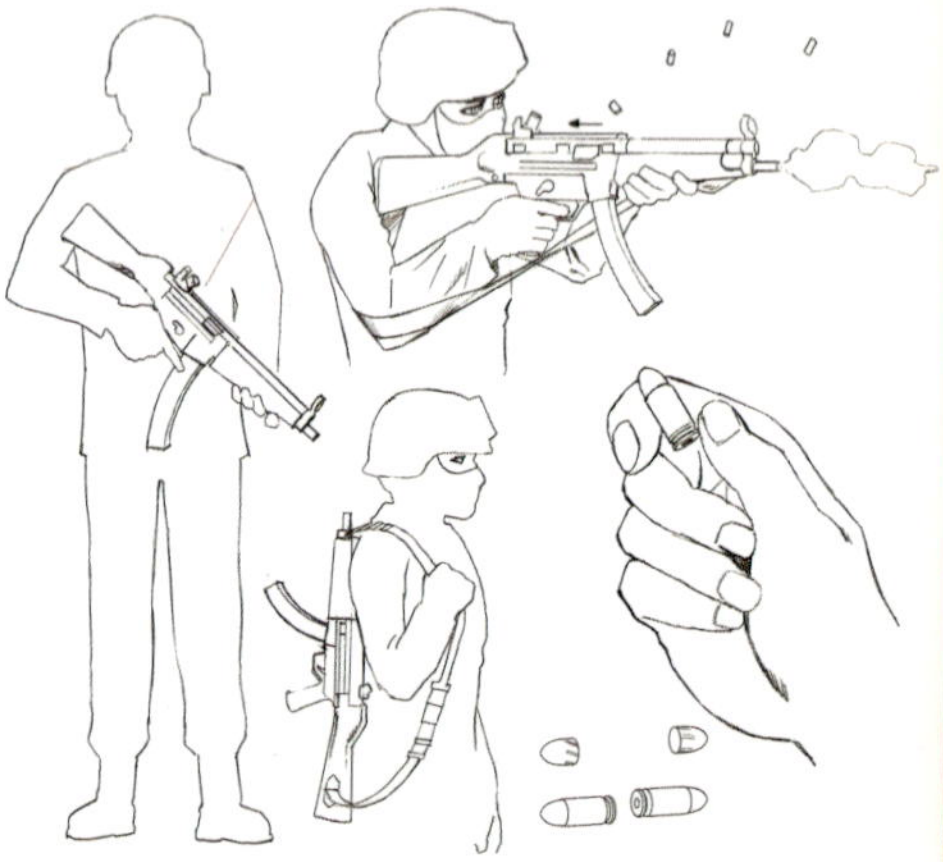

ドイツのH&K社が開発した近代的サブマシンガンMP5の派生。A2は固定銃床型となっている。黒で統一された色合いと、丸みのあるフォルムが特徴的。撃つ際は銃床をしっかり肩に当て脇を締めて銃を固定して狙いを定める。銃の脇についた切り替えスイッチで、安全装置、単射、連射を選ぶことができる。肩に掛ける時は必ず安全装置を確認し、弾倉が後ろを向くようにする

カルマ・トランジット兵

密輸をしている裏組織。海外の傭兵とも繋がりがある

中島敦 × 太宰治 × 芥川龍之介

Nakajima Atsushi
Dazai Osamu
Akutagawa Ryunosuke

尊敬・嫉妬・憎悪

Respect Jealousy Hatred

中島敦と太宰治

行き倒れ寸前、敦の脳裏に浮かんだのは、孤児院の台所でこっそり食べた一杯の茶漬けだった

人虎と人間失格

　敦は夕暮れの河川敷で運命の出会いをする。その人に出会わなければ、誰かの金品を狙い、罪を犯していたかもしれない。

　彼の人は太宰治。武装探偵社の調査員だ。自殺嗜好《マニア》だという太宰は、飄々とした佇まいで、掴みどころがない。いつも巫山戯《ふざけ》ていて、いい加減に見えるが、実は冷静な判断力と行動力を併せ持つ。敦が異能力者で虎に変身することも、忽《たちま》ちに看破した。敦は太宰によって、異能力「月下獣」に目覚める。

　太宰の奇行に振り回されながら、敦は探偵社に馴染んでいく。「お前には生きる価値がない」と疎まれ、孤独だった敦は、太宰のおかげで〝居場所〟を見つけた。大切なものを守る為、敦は強くなっていく。

　太宰は敦の本質を見抜き、その成長を見越していたに違いない。これから起こるであろう難事に、敦なら立ち向かえる。敦の中に希望の〝光〟を見たのかもしれない。

他者をよく観察している太宰は……

　太宰は、他の異能力に触れただけで無効化する「人間失格」という異能力を持つが、才能はそれだけにとどまらない。他者の言動を観察し、心中を見抜いて操るのが上手い。また、優れた推理力を有する。ずっと虎に追われていると言い、その姿に怯える敦を見て、虎の正体に気がついた。そして、いずれ敦が探偵社の重要な戦力になることも見越している。敦を迎えるための入社試験も、敦の行動を予測していたのかもしれない。

出会いと茶漬けの恩 そして虎に

　敦は入水して流れてきた太宰を放ってはおけず、川に飛び込んで彼を助けた。寸前まで、空腹を満たすために罪を犯そうとしていた者とは思えない。そこに敦の優しさと勇気を垣間見ることが出来る。太宰も太宰で、自殺未遂直後なのに飄々とした様子。この時点で敦のことを見込んで、茶漬けを恵んだのだろう（自分も無一文だったのに）。

緊張感のないやりとりを続ける太宰と国木田が、噂に聞く「武装探偵社」の調査員と知って、敦は驚く

時折太宰の目は鋭くなり、すべてを見透かしたかのように見つめてくる。彼に隠し事は出来なさそうだ

……君だけが、
解っていなかったのだよ。
君も異能の力を持つ者だ
——太宰治

芥川龍之介と太宰治

執着と憎悪の果てに

芥川にとって太宰は、恩人であり、尊敬する師であり、従うべき上司でもあった。芥川のすべてだったと言ってもいい。しかし、太宰は芥川の元から去って行った。

かつて、芥川は貧民街で暮らしていた。暗く薄汚れた裏路地で、ボロを着て飢えていた。そこは汚泥と腐臭に満ちた〝どん底〟だった。その無限の深淵に一筋の光が射し込んだ。太宰という光が、芥川を救い出してくれた。だが、太宰を失い、芥川は暗闇に取り残されてしまった。

以来、芥川は「卑しきポートマフィアの狗《イヌ》」として、殺戮を繰り返している。いつかきっと、太宰に認めてもらう為。「強くなった」と言ってもらう為。

しかし、再会した太宰は芥川を侮蔑し、あまつさえ「新しい部下のほうが優秀」と比較する言葉が芥川の心を鋭く貫いた。なぜ、自分では駄目なのか。芥川の心に激しい憎悪が湧き上がり、黒獣となって牙を剥く。

芥川には厳しかったマフィア時代の太宰

芥川を鍛える時、太宰は容赦しなかった。まだ未熟な「羅生門」をあっさり躱し、芥川をしたたかに蹴り上げる。華奢な体は吹っ飛んで壁に叩きつけられた。太宰がここまで厳しいのは、ポートマフィアで生き抜くには〝強さ〟が必須だったからだ。芥川の異能力は極めて強いが、肉体は脆かった。心はさらに危うい。苛烈を極める教育は芥川に力を与えるため。太宰の冷徹には、芥川への期待も込められていたに違いない。

太宰に厳しく鍛えられ、芥川の異能は圧倒的な破壊力だけでなく、防御機能も備える。ポートマフィア最強の異能力者と言っても過言ではないだろう

その程度では
ポートマフィアで生き残れないぞ。
それとも、貧民街の野良犬に
戻りたいか?
——太宰治

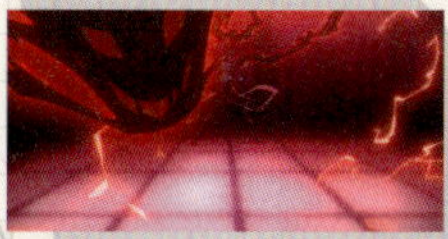

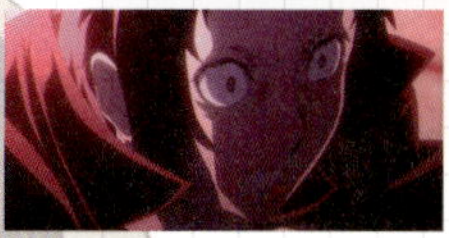

決裂した2人の関係

鏡花によって捕らえた太宰を脅す芥川だが、太宰の言葉に嫉妬と憎悪が渦巻く。なぜ、太宰はこんなにも辛辣なのだろう

太宰は突然ポートマフィアを去り、敵対する武装探偵社に入った。芥川にとって、それは裏切りにほかならない。取り残された芥川は怒りに身を焦がし、太宰への憎しみに燃えた。そして、それ以上に渇望した。太宰からのたった一言の言葉を。そのために、ポートマフィアの暗殺者として、殺戮の日々を送る。しかし、それは、果たして太宰の望んだことなのか。殺戮者たる芥川に、太宰が手を差し伸べる日が来るだろうか。

私の新しい部下は、
君なんかよりよっぽど優秀だよ
——太宰治

芥川龍之介と中島敦

闇を生きる黒獣と光を生きる白虎

芥川龍之介は少年時代、貧民街の路上をねぐらにしている孤児だった。敦も孤児院で虐げられる日々を過ごしていた孤児だった。似たような境遇で過ごしてきた2人だが、それぞれ太宰が関わることで、人生は大きく変わっていった。

両親にも捨てられ、育った孤児院からも追い出された敦を拾ってくれたのは、武装探偵社の太宰だった。敦は居場所を見つけた。太宰が、探偵社の仲間たちが、敦を迎え入れてくれたから。

芥川もまた、貧民街で仲間を殺され、怒りに震えて報復に向かったところで太宰治に出会い、ポートマフィアに勧誘された。彼も太宰から新たな居場所を与えられたのだ。

芥川と敦は生まれも育ちもよく似ている。しかし、共に〝生きる場所〟を見つけた時、その道は分かたれた。マフィアと探偵社。決して相容れない敵対する場所だ。

然《しか》り。それが貴様の業だ、人虎。貴様は生きているだけで周囲の人間を損なう
——芥川龍之介

いとも容易く太宰の信頼を勝ち得た敦。なぜ、敦なのか。なぜ、自分ではないのか。芥川は太宰に執着するあまり、敦への憎悪を募らせる

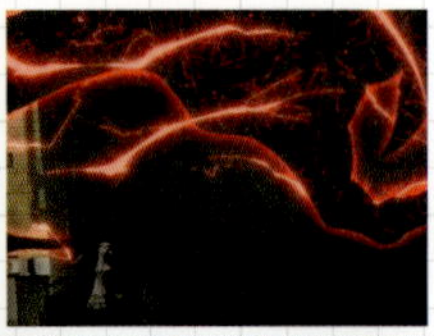

最初は捕獲対象として

芥川にとって敦は〝ターゲット〟でしかなかった。70億の懸賞金目当てに人虎を捕獲することが、芥川の任務。やがて芥川は敦が異能力により虎化することを突き止め、武装探偵社に拾われたことも知った。この時から、敦はただのターゲットではなく、不愉快で目障りな存在となった。芥川は部下の樋口を使って、探偵社に罠をしかける。敦を捕獲し、任務を全うする為に。

……お前の云う通りだ、僕は弱い。
けど一つだけ長所がある
……お前を倒せる!
——中島敦

非道な行いに敦は怒る!

芥川によって鏡花は殺人マシンのように操られ、殺戮を繰り返した。鏡花の心は絶望に閉ざされたが、敦と出会い、闇に光が差し込んだ。だが、それは芥川によって切り裂かれる。光を知った鏡花が人殺しを拒絶した時、芥川は彼女を否定し、抹殺しようとする。「無価値な人間に呼吸する権利はない」と。鏡花の生きる価値をお前が決めるな!——敦の怒りに火が付く。虎化して芥川と対峙する敦。戦いの火蓋が切られた。

「お前はそんなに強いのに、どうして、彼女を利用したんだ?」。敦の心に怒りが湧き上がる

芥川の不幸は敬愛する太宰がポートマフィアから去ったことだ。彼は最年少幹部であったにもかかわらず、とある事件をきっかけにポートマフィアとは決別することとなった。太宰との別離によって、芥川は己が見捨てられたように思った。そして、太宰が新たに部下と呼び、指導し始めたのが敦だった。

芥川から見れば、敦は取るに足らない存在だ。それなのに、太宰の隣には敦がいる。そこは、芥川がいるべき場所なのに。嫉妬と憎悪が胸を焼く。敦と対峙した時だけ、冷酷無比な芥川の血が滾《たぎ》る。

敦にとって、芥川は理解出来ない存在だ。なぜ、あれほど残虐非道なのか。なぜ、自分が憎悪の対象なのか。「貴様は生きているだけで周囲の人間を損なう」という、芥川の言葉が敦を苛む。自分の存在が他人を傷つける。そう考えるだけで、敦の心は血を流す。

闇を生きる黒獣と光を生きる白虎。背中合わせに生きながら、同じ思いを抱えている。「生きる意味を見つけたい」。2人の分かたれた道が、交わる日が来るのだろうか。

戦いの果てに……

芥川の「羅生門」と虎化した敦が激突する。始めこそ芥川の異能力が圧倒したが、敦は虎化をコントロールできるようになり、2人の能力は拮抗する。戦いは熾烈を極め、芥川も敦も損傷は限界に近づいた。芥川は敦を「惰弱」と見くびっていた。その慢心が一瞬の隙となり、敦の一撃が芥川を捉え、羅生門「空間断絶」を突き破る。芥川は吹っ飛び、海へと落ちていく。敦は鏡花を守り抜いた。

何度倒しても敦は立ち上がる。芥川の脳裏に太宰の言葉が蘇る。「私の新しい部下は、君なんかより優秀だ」

だのに……
なぜ、貴様なのだ!!
——芥川龍之介

文豪作品から読み解く、3人の関係

実際の小説の内容に見える『文豪ストレイドッグス』における敦、太宰、芥川を考察。そこから浮かび上がってくるものは?

中島敦『山月記』

どうすればいいのだ。己の空費された過去は?己は堪らなくなる。そういうとき、己は、向こうの山の頂の巌に上り、空谷に向かって吼える。この胸を灼く悲しみを誰かに訴えたいのだ。己は昨夕も、かしこで月に向かって咆えた。誰かにこの苦しみが分ってもらえないかと。しかし、獣どもは己の声を聞いて、ただ、懼れ、ひれ伏すばかり。山も樹も月も露も、一匹の虎が怒り狂って、哮っているとしか考えない。天に躍り地に伏して嘆いても、誰一人己の気持を分ってくれる者はない。ちょうど、人間だったころ、己の傷つきやすい内心を誰も理解してくれなかったように。己の毛皮の濡れたのは、夜露のためばかりではない。

「認めてほしい」という渇望

唐の時代。李徴は優秀で自信家だったが、詩人として名を成せず、その屈辱から狂乱、行方知れずとなった。翌年、旧友の袁傪は山中で、人喰い虎に変じた李徴に出会う。「僕の存在を認めてほしい」。それが、『文スト』の敦の願いだった。敦は孤児院で存在を否定され、生きる意味を強く求めるようになる。小説『山月記』の李徴は「臆病な自尊心と、尊大な羞恥心」によって、その姿を虎に変貌させる。苦悩する李徴は、そのまま悩める敦の姿に重なる。敦は肉体を虎化する異能力を自分でコントロール出来ない。「貴様は生きているだけで他者を損なう」。芥川に突きつけられた言葉が、さらに敦を追い詰める。芥川も同じく、「認めてほしい」という渇望に苦しんでいた。だからこそ、太宰や仲間の信頼を得た敦に嫉妬し、怒り狂ったのだ。芥川と敦。2人のゆるぎない〝居場所〟は、果たして太宰の傍らなのだろうか。

太宰治『人間失格』

そこで考え出したのは、道化でした。それは、自分の、人間に対する最後の求愛でした。自分は、人間を極度に恐れていながら、それでいて、人間を、どうしても思い切れなかったらしいのです。そうして自分は、この道化の一線でわずかに人間につながる事が出来たのでした。おもてでは、絶えず笑顔をつくりながらも、内心は必死の、それこそ千番に一番の兼ね合いとでもいうべき危機一髪の、油汗流してのサーヴィスでした。

道化の鎧に隠された「本心」とは?

小説『人間失格』の主人公・大庭葉蔵は世間を怖れ、道化を装い、周囲を欺いて生きていた。やがて、酒や煙草、女性に溺れるようになり、ついに恋人と心中を図る――。「人はなぜ生きなければならないのか」。葉蔵の問いかけは、『文スト』の太宰の心の内にもあった。太宰は、あらゆる異能力を触れただけで無効化する。いかなる異能力者も凡夫に変える能力は、彼を最強の異能力者にした。しかし、〝無〟から生まれるのは虚しさだった。太宰が自殺に心奪われたのは、すべてを〝無〟に変える能力ゆえだったのか?　太宰によって、芥川と敦は出逢った。黒と白。悪と正義。正反対の道を行く2人を結びつけた。そこには、何か意味があるはずだが、太宰は本心を語らない。彼の心は道化の鎧に隠されている。「恥の多い生涯を送って来ました」と葉蔵の手記の一節を太宰は口にする。それは自虐にも似た〝本心〟の表れかもしれない。

芥川龍之介『羅生門』

しかし、これを聞いているうちに、下人の心には、ある勇気が生まれて来た。それは、さっき門の下で、この男には欠けていた勇気である。そうして、またさっきこの門の上へ上って、この老婆を捕えた時の勇気とは、全然、反対な方向に動こうとする勇気である。下人は、餓死をするか盗人になるかに、迷わなかったばかりではない。その時のこの男の心もちから云えば、餓死などということは、ほとんど、考えることさえできないほど、意識の外に追い出されていた。

悪もやむなし――。その「勇気」が彼を生かす

『文スト』の芥川は悪鬼羅刹の蠢く暗黒の地で育った。奪うか盗むか相手を殺傷するか、それしか生きる術がなかった。芥川の前には2つの道があった。「悪に生きる」か「暗黒で死ぬ」か。暗黒に墜ちる寸前、芥川に手を差し伸べたのは太宰だった。小説『羅生門』では、1人の男が飢餓ゆえに薄っぺらい正義を捨て、悪に墜ちる。恵まれた環境にあれば、人は正義に生きられる。しかし、不遇にあれば悪もやむなし――。老婆の汚れた衣をはぎ取り、男は悪に染まる道を選ぶ。男にとって衣は、悪徳の道を行く「勇気」の証だった。太宰に与えられた「生きる意味」は、芥川に覚悟と勇気をもたらす。太宰のためなら悪もやむなし――。身に纏う黒い外套は、芥川の覚悟の証。生きる勇気の源だ。太宰を失い、芥川の「生きる意味」は空疎になる。芥川はその虚しさをさらなる「悪」で満たした。そして憎悪は、太宰に認められた敦へと矛先を向けた。

上村祐翔

中島敦 役

地に這いつくばってでも生きると決めた中島敦。
その真っ直ぐなまなざしに多くの者が心ゆさぶられ、影響を受けていく。
彼を演じる上村祐翔も、また――。初めての大役に戸惑いながらも
先輩役者の芝居に喰らいつき、一歩一歩と前進する中で、
上村が見つけた中島敦の物語とは。

本作への出演が決まったときの率直なお気持ちを教えてください。

上村　TVシリーズで主人公をやらせていただくのは初めてなので、「受かったよ」と言われても、はじめは信じられず、徐々に実感が湧いて喜びがこみ上げました。

原作を読んで、どんなところに魅力を感じましたか？

上村　有名な文豪たちの名前を持ったキャラクターたちが、その小説家の代表作をモチーフにした能力を使って戦うというアクションシーンが本当にかっこよくて面白くて。でも、それだけじゃなく、人間関係を描くドラマの部分にも同じくらい大きな魅力を感じました。いろいろな角度から、いろいろなキャラクターたちの関係性が明かされていく、ひと筋縄ではいかない展開に惹かれました。

中島敦にどんな印象を抱きましたか？

上村　喜怒哀楽を含めて感情表現の豊かな子だなと思いました。それから、何かを行動するときにすごく考えるタイプなんだな、と。僕自身も一度考えはじめるとハマり込んでしまうところがあるので、その部分はシンパシーを感じながらやっています。最初のころはネガティブな面だったり、悩んでいるところが前面に出ていましたが、最終的にはプラスの方向に動くようにひたすら努力をする。いろんな困難を抱えながらも、どうにか乗り越えようとするところがいいなと思いました。

演じるにあたり、五十嵐(卓哉)監督からのリクエストはありましたか？

上村　アフレコに入る前の段階で、監督と若林(和弘)さん立ち会いのもと、太宰役の宮野(真守)さんと読み合わせをさせていただいたんです。僕をなぜ選んだのかというお話もしてくださって、「ヘタレ感」がポイントだったと。それも芝居では出せない根っこ部分のヘタレ感なのだと(笑)。だから、「本能的にお芝居をしてほしい」と言われました。「極論を言えば、中島敦と上村祐翔がどっちがどっちだかわからなくなるくらいでいい」と。それがとても印象的でした。

物語は、敦と太宰の出会いから幕を開けます。

上村　意味がわからない感じからはじまりましたが(笑)、敦も太宰がただ者じゃないことはきっと感じていて。そういう人が、兄のような師匠のような存在になってくれるっていうのは、いいですよね。太宰は原作から発展して、アニメではさらに表情豊かでコミカルに描かれていてアドリブいっぱいなんですけど、それを宮野さんは毎回完璧に表現されるので、すごいです。鼻歌を歌うシーンも、宮野さんのオリジナルなんですよ。その一方で、ふとシリアスになるときの雰囲気にも圧倒されます。裏に何かあるんじゃないかとにおわせるようなお芝居ですよね。

宮野さんは、同じ事務所の先輩にもあたりますね。

上村　大先輩です。でも、がっつりお芝居させていただくのは初めて。アフレコ

のときも隣に座っていろんなアドバイスをしてくださり、貴重な経験をさせていただいているなと思います。宮野さんがマイク前に立つ姿を見るだけでも勉強になりますし、そもそも、いらっしゃるだけで気持ちが引き締まるんですよ。最初は恐れ多かったのですが、だんだん、少しでも「よくやった」と思っていただけたらいいな、なんて欲も生まれてしまいました。

第1クールを振り返って、敦の変化をどのように捉えていますか？

上村　孤独だった敦が武装探偵社に入ったことで、いろいろな人たちとかかわりを持つようになりました。仲間たちの中で自分の立ち位置を確認していくたびに、敦の心が大きく動いていくのを感じながら演じてきました。「また自分のせいで周りの者に災いが起こってしまう」という敦の心配を、いい意味で裏切ってくれた第4話の黒蜥蜴襲撃事件は、大事なターニングポイントでしたね。あのとき初めて敦は「ここにいていいんだ」と、ちゃんと認識できたんだと思います。それから、第8話の梶井基次郎の爆弾から街の人々を守る局面で、敦が初めて自分の異能力をコントロールできるようになったことも印象深いですね。「自分にもできることがあるんじゃないか」と思えるようになってきた敦の心の変化が導いたものだと思うんです。

そのきっかけとなる鏡花の存在は大きいですね。

上村　敦は、鏡花の本心を聞いたときに少し前までの自分を重ねたと思うんです。だから、自分が太宰や武装探偵社のみんなに救われたように、今度は自分が鏡花を守りたいと感じた。鏡花が武装探偵社にいることはすごく大きな糧になっていくと思います。

敦と芥川の関係性についてはいかがですか？

上村　2人とも強力な異能力を持っていて、戦闘でもすごいパワーを発揮して、でも、自分の中の劣等感みたいなものといつも戦っていて……というところが似ていると思いました。なのに考える方向はまったく違っていて。太宰を軸に正反対に立っているという印象ですね。太宰がいる限り、切っても切れない関係なんじゃないでしょうか。

芥川役の小野賢章さんとは子供の頃に共演されたことがあったとか。

上村　僕が10歳くらいのときにNHKのラジオドラマでご一緒したことがあるんです。こうしてまた同じ作品に参加できるなんて、本当にうれしいです。

ついに芥川との対決を果たすこととなった第10話には、どんなお気持ちで臨まれましたか？

上村　もちろんすべてのお話に対して自分なりに真摯に取り組んできましたが、敦がひとつの成長を遂げる話であり、スタッフの方々から「10話は頼むぞ。お前に懸かっているんだからな」と言われて、プレッシャーを感じていましたが、特に強い気持ちを持ってやらせていただきました。場面的に、太宰と中也として宮野さんと谷山(紀章)さんが素晴らしい掛け合いをされたあとで、敦と芥川が懸命に自分の思いをぶつけることになるので、先輩方に後押しされたところも大きかったですね。それから、これまで敦のことを「小僧」と呼んでいた国木田が初めて「走れ、敦！」と名前を呼んでくれたのも心強くて。細谷(佳正)さんがマイクに向かって叫んでいる背中を見ながら、こみ上げてくるものがありました。EDの「名前を呼ぶよ」とのリンクも感じています。

小野さんは手強かったですか？

上村　はい(笑)。芥川は心の中が黒いもので満たされている人物ですけど、賢章さんの表現によって、そのひとつひとつにさらに重みが加えられているような感じがして、ゾクゾクするんです。特に第10話はものすごい迫力で、それを倒すためにはもっともっとパワーが必要になります。先輩の胸を借りるつもりで、一生懸命演じさせていただきました。

敦も、第1話のときからは想像ができないくらい強くなりましたね。

上村　いつ死んでもおかしくないくらい劣勢だったにもかかわらず、最終的に一撃で芥川を倒してしまいました。これまで嘆いていた己の境遇が昇華されていくとともに気持ちと能力がひとつになっていったのですが、もともと敦が持っていたポテンシャルだけでなく、武装探偵社の素晴らしい仲間たちがいるからこそなんだと思います。僕自身も先輩たちに支えられているからこそ、もっとやんなきゃと奮い立たせてもらえているんだと思います。

「人は誰かに〝生きていいよ〟と云われなくちゃ生きていけないんだ！　そんな簡単な事がどうして判らないんだ！」というセリフは凄まじい攻撃力でした。

上村　PVの第一弾でもやらせていただいているのですが、それを収録したのが、初めて敦を演じたドラマCDの現場だったんです。敦として「生きる」ということへの熱い思いを持って成長を遂げた上で、再び演じることができてうれしかったです。

敦のほとんど泣いているような怒りは、上村さんの中から湧き上がってきたものなのでしょうか？

上村　若林さんからは「画にとらわれないでやってほしい」と言われていました。たとえ画で涙を流していても、泣き叫ぶのではなく意志の強さを表してほしい、と。鏡花は助からないと言われて「僕は、違うと思う！　だって太宰さんは、探偵社は僕を見捨てなかった……」というセリフのときもそうだったんですが、表情とセリフが一致していない方が心に響くこともあるんですね。僕には難しかったのですが、完成したものを見て納得したものがありました。お芝居って本当に面白いです。

続く第11話の宮沢賢治とのエピソードは、

肩の力が抜けてホッとするものがありました。

上村　シリアスから一転して、ほのぼのとしましたね。小休止……というわけではありませんが、熾烈なバトルを越えたところで、ポートマフィア側や、ぶっ飛んだ先輩の賢治くんのことが描かれていて、楽しかったです。中島敦という人は本当にいろんな表情を見せてくれるなと思いました。

そして、第12話では、ギルドという新たな敵が現れるとともにルーシー・Mとの戦いが繰り広げられました。

上村　ひとつの成長を遂げた第10話を経て、ポートマフィアに対するものとはまた違う感情を持ってバトルシーンを演じるという難しさがありました。成長したにもかかわらず、一度、太宰さんに頼るべく逃げようとするんです。これからの敦を演じていくにあたっても考えさせられるものがある戦いだったなと思います。

第一クールを通して、改めて感じた敦の魅力を教えてください。

上村　どんなときにも、まず「生きる」ということを考える。悲観しても絶望はしない。そこに、敦のもともとの意志の強さがあり、それが伸びていくことが成長につながっていったんだと思います。「死をもって償え」という考えのもとにある芥川や鏡花とは真逆で、敦の格好いいところです。そんな敦がやってきたからこそ、変わり者ばかりの武装探偵社も、一気にかき回されていくというか、刺激を受けて変化していくんですね。敦ってみんなに振り回されているように見えて、それだけじゃないんですよ。当の本人は、自分が探偵社にものすごい影響を与えているなんて自覚もないし、懸命に揺れながらもがいてるだけなんですけど。エンディングで本のページが舞い上がるシーンについて、敦が周りに与えている影響を表わしているという意図があるとうかがって、その点にもすごく共感しました。

そんな敦は、上村さんにも影響を与える存在でしたか？

上村　そうですね。敦から学んだことはすごくあります。落ち込んでしまうときにもどうにか七転八倒して乗り越えなきゃいけない、屈しちゃダメだって。演じながら勇気をもらえる役です。ただ、最初の五十嵐監督からのリクエストもあり「上村祐翔」と「中島敦」をすりあわせながらやっていく中で、どこかボーダレスというか、敦として考えているのか自分として考えているのかわからなくなるときがあり、変な感じもします。

五十嵐監督や若林さんも「だんだん敦になってきている」とおっしゃっていますね。

上村　ありがたいことです（笑）。イベントなどを通して、視聴者の方に「上村くんに敦を演じてもらえて本当によかった」と言っていただけると、それも、がむしゃらにやらせていただいた結果なのかなと思います。本当に精一杯で、気がついたら1クール終わっていました。

お芝居だけでなく、WEBラジオやDVD・Blu-rayの特典映像などを担当されてバラエティ力が鍛えられたのでは？

上村　そうだと、いいんですけど……。本当に、先輩の皆さんはバラエティ的なことにも優れている方ばかりなんです。宮野さんは「上村探偵社」（DVD・Blu-ray特典映像）の第1回でも盛り上げてくださって。初めてのことばかりで慣れない部分が多いですし、自分の中で受け止めたものをまた外に発信していくということは、責任もあるし勇気のいることではあります。でも、いろいろな媒体を通して「文豪ストレイドッグス」を皆さんに紹介させてもらえることは光栄なことですし、僕の中で固まっていく敦や作品の世界観を皆さんに届けられていたらいいなと思います。

最後に、第2クールへ向けての意気込みをお聞かせください。

上村　新たな戦いの中で、それぞれの思いもいっそう激しくぶつかっていくのかなと思います。敦はとても繊細な子ですが、この作品はそんな彼の成長物語でもあるので、揺れ動く気持ちを感じながらしっかりと寄り添い、向き合っていきたいです。これから、より男らしく格好よくなっていく姿にご注目ください。期待に応えられるよう僕も頑張っていきます！

撮影＝田上富實子
スタイリング＝SUGI　ヘアメイク＝山下由花

Uemura Yuto

10月23日生まれ／埼玉県出身／主な出演作品は、「神々の悪戯」（戸塚月人）、「B-PROJECT～鼓動＊アンビシャス～」（増長和南）、「ナンバカ」（ジューゴ）ほか

宮野真守

太宰治 役

未だ底が見えず、真意を明かさない太宰治。
宮野真守が芝居を重ねる中で、
そんな太宰に見出してきたものとは。
そして五十嵐卓哉監督作品への思い、
後輩である上村祐翔への思い、演じることへの思いを語る——。

本作における太宰治の第一印象はどんなものでしたか？

宮野　「飄々としてる」という言葉がまず浮かびました。でも、その「飄々」の中にワンパターンではない太宰らしさが散りばめられていて、時におちゃめだったり、時にサディスティックだったり、とにかくミステリアス。「本心は？」と考えさせられるところに惹かれていきました。

第1クールを演じていく過程で、そんな太宰の印象に変化はありましたか？

宮野　五十嵐(卓哉)監督とのやりとりを経て、アニメで描かれる太宰の立ち位置や目的というのは当初からしっかり共有して見据えてきた実感があるので、そのイメージのブレはまったくありませんでした。でも、回を重ねるごとに作品世界のカラーのようなものが自分に馴染んでいく感覚はすごくありましたね。

特に心に残っているエピソードを教えてください。

宮野　第6、7話が印象的でした。国木田という男を理解する上で大事な話数だと思うんですけど、それと同時に太宰という人間の本質が見え隠れする描写もたくさんあったので。国木田と太宰が正反対の2人だから浮き彫りになってくる、それぞれの価値感というのが非常に面白いんです。最後に太宰が国木田にかける言葉があるんですけど、そこに非常に考えさせられて……。2人の掲げている「正義」の違いというものが、はっきりと見える回ですね。2人が(物理的に)すれ違ってはじまるバトルシーンも、ものすごく格好いいです。

この2人がコンビを組んで活動しているという妙もありますね。

宮野　大きく対立してもおかしくない2人なのに、互いを相棒と認めて補い合っている、という在り方が素敵ですよね。相手を尊重しつつも、自分の考えは少しも譲ってなくて、それぞれが信じた道をいく……というね。馴れ合いじゃない感じがするんですよね。

後半では太宰にとってのかつての相棒、中原中也との対峙もありましたが。

宮野　太宰にとって中也というのは、サラッとあしらうような感じなんですけど、でも、きっと、そういう扱いができるのは、元相棒というバックボーンがあるからなんじゃないか、と。よく知った相手だからこそ、変な気をつかう必要もなくて、温度差のある2人のやりとりの楽しさがすごく出たシークエンスだったと思います。しかも、演者が(谷山)紀章さんだったのでね、アフレコは最高でした。紀章さんがグワッときてくれるので、それをサラッと受け流すのが、これがまあ、楽しくて。太宰、伸び伸びしてますよね(笑)。

一方、後輩的存在である敦、芥川については、どんな印象を抱いていますか？　EDにも太宰を巡る3人の関係性が色濃く描かれていますが。

宮野　太宰にしてみれば、きっと彼らそれぞれに対して期待していることがあるんじゃないかと思うんです。それを引き出す方法はそれぞれ違うから、接し方も違ってきているだけで。でも、収録の最中、これは太宰に対する演出ではなかったのですが、五十嵐監督の敦に対する演出を聞いていて、逆に太宰の心の内がわかった気がした瞬間がありまして。それは「敦と芥川の2人って、結局、同族嫌悪なんだよね」という言葉だったんですけど。と、いうことは……みたいな。EDでは敦に手が差し伸べられているように見えるけれど、もしかしたら……みたいな。こういうお話は、第1話の収録がはじまる前に、五十嵐監督とたっぷりお話させていただいたんですけど、でも、この瞬間、抜けていたピースが、カチッとはまった感じがしました。

そんな2人を演じた上村祐翔さん、小野賢章さんと共演した感想は？

宮野　まず、上村くんは、どんどんチャレンジできる役柄だし、すごく真っ直ぐ臨んでいるなって。アニメーションの配役の面白いところって、たとえば大先輩が自分の弟役を演じる、みたいなあり得ないことも起こるところじゃないですか(笑)。そういうことに慣れていたんですけど、でも、そういう意味で今回は逆に、現実の関係性とけっこう近い配役になっていて。10歳も離れた後輩である上村くんと一緒にやらせていただいて……そうか、年をとると、こういうことも起こるのかと実感した現場でもありましたね。僕も、必然的に「お兄さん」になっちゃうものなんですね。勝手にお節介焼いちゃったりして……「やだわ、あたしったら」なんて思ったりしました(笑)。それで、賢章くんもまた、かつて同じ事務所だった後輩という意味で、芥川と太宰の関係性に重なるんですよね。賢章くんの芥川は、とにかく新鮮でした。彼のああいうお芝居を目の当たりにしたのは初めてだったので、格好いいなあって思いながら感動していましたね。本人がすごくストイックに役柄に向きあっていることも、端から見ていて感じました。

アフレコ現場では、どのように過ごされていましたか？

宮野　現場に入ってから出るまで僕が細谷(佳正)さんをいじくり倒している、という感じでしょうか(笑)。それを神谷(浩史)さんが傍観していて、たまにツッコむ、みたいな。このあたりも、まったく作品世界のまんまですね。苦労したというか、わりとリテイクを重ねてしまったのは、太宰と国木田が言いあう長回しのアドリブシーンですかね。けっこう頻繁にあるんですけど、怒鳴り合いに近いこともあったので、勢い余ってしまうこともしばしばで。打ち合わせなしで飛び込んでいくのはとても楽しいんですけど、その分、「はい、やりすぎ――！」ということもありましたね(笑)。

これまで数々の作品を共につくられてきた五十嵐監督、若林(和弘)音響監督の現場ということでは、どんな意識がありますか？

宮野　ある意味、僕はそこに思いっきり甘えているところがありました。「俺、とりあえず、やります！」みたいな(笑)。まずは受けとめてくださるお2人だとわかっているので、本当に心強いですね。ものづくりをしていく上で、一番罪深いことって「やらないってこと」だと思うんです。やらないで後悔するんだったら、やって後悔するほうがいいに決まっていて。でも、勝手のわからない初めての現場だったりすると、縮こまってしまってトライできないこともある。そんな中で、お2人の現場というのは、緊張感ある中でも、何でもどんどんやっていこう、みたいな空気がいつもあるんですよ。そういう環境づくりをしてくれているから、上村くんにも「思いっきり！」とかって言っちゃうんですけど。いろいろなチャレンジをしっかり受けとめてもらえて、ダメなときにはしっかり修正してくださるので、全幅の信頼を寄せて全力で臨んでいます。

具体的な演出で、印象に残っている言葉などはありますか？

宮野　五十嵐監督との準備段階の時点で、演じていく上で必要なものは僕の中にすでに揃ったので、方向性というのは初めからかなり定まっていたんですね。その上で、各シーンに対しての調整をしていただいたという感じだったので、自分で言うのもどうかと思うのですが、すごく洗練されたやりとりを重ねられたと感じています。

すでに成形されているものを、より磨きあげていくような……。

宮野　そうですね。そして、そのあと「それは、ふざけすぎ」とツッコまれたり(笑)。

太宰が口ずさむ鼻歌も宮野さんのアドリブで歌われているとか？

宮野　はい。それはもう、榎戸(洋司)さんのムチャブリ以外の何物でもないですよ(笑)。だって、台本になんとなく歌詞だけ書いてあって、あとはアドリブで、みたいな(笑)。しかしですね、実はこれ、五十嵐監督作品に参加するにあたっては自分にとってかなり重要なファクターだと捉えているんです。超えなきゃいけない壁というか。というのも、「ソウルイーター」という作品で子安(武人)さんが演じるエクスカリバーというキャラクターがいるんですけど、そのエクスカリバーが歌うシーンというのがあって。これも子安さんが自分で考えていたと思うんですけど、その歌が面白いと話題になって、本編だけでなくCM中にもその歌が流れている、というすごい事件があったんですよ(笑)。子安さんを崇拝する僕としては、やはり、この壁には立ち向かわないとならないだろう、と。なので、ああいう瞬間がくると、「俺も爪痕残さねば！」みたいな(笑)、非常に駆り立てられるものがあるんです。

アニメ「文豪ストレイドッグス」の魅力は、どこにあると感じていますか？

宮野　まずは五十嵐監督作品であることにおける独特の映像表現ですよね。コミカルなところはとことんコミカルで、クールなところはめちゃくちゃ格好よくて、そのどちらもクオリティの高い映像で動き回っていて見ていて飽きない。だから、声を当てるのも楽しいし、その躍動感を伝えるために力を尽くしていくわけで。それはものすごいエンタメ性なんですけど……でも、僕は、それだけじゃないっていうところこそが魅力だなと思うんです。五十嵐監督は何より原作を大切に、榎戸さんとシリーズ構成を詰めて、人物を深く描いていて。その話数では描かれない裏の部分に対しても洞察が行き届いているので、キャラクターのふとした表情にそれが滲む。その深みがこの作品の最大の魅力です。普通に見ていても気づかない1カットの描写などに、キャラクター像を解く鍵が隠されていたりもするんですよ。その種明かしをわざわざするつもりは五十嵐監督にはないと思うんですけど、でも、そこまで作り込んでいるからこそ伝わるものがあるんだと思うんです。

最後に、第2クールへ向けての意気込みをお聞かせください。

宮野　第1クールで登場した人物たちがより深く面白く語られていきますので、それが僕も楽しみです。それから最終的に、アニメとして、この物語がどういう終着を迎えるのかというのも気になりますよね。あの五十嵐監督の作品なので、きっと、このアニメとしての、ひとつの決着のつくエンディングが用意されているような気がしているんです。それがどこに向かうのか一緒に見届けてほしいなと思います。

Miyano Mamoru

6月8日生まれ／埼玉県出身／主な出演作品は、「亜人」(永井圭)、「DAYS」(大柴喜一)、「うたの☆プリンスさまっ♪ マジLOVEレジェンドスター」(一ノ瀬トキヤ)ほか

小野賢章

芥川龍之介役

焦がれ欲したものに背かれ、孤独に沈みゆく芥川龍之介。彼を演じる小野賢章は、その赤黒く燃える憤怒の闇を共にもがき、苦しみ――生きる。作品ごとにまるで存在の色を変える小野は、如何にして芥川の狂気を我がものとしたのか?

芥川にどんな印象を抱きましたか?

小野　芥川龍之介という小説家は誰もが知っている存在ですし、プレッシャーでした。教科書にも「羅生門」が載っていましたし、朗読劇で「藪の中」を上演したこともあって、しばしば作品に触れてきた作家だったので、その名をもつキャラクターを演じるのは、不思議というか、どうしたものかなあ、とはじめは思いましたね。

最初の登場シーンから危ない存在感を放っていた芥川ですが、演じる上ではどのようなところを意識されたのでしょうか?

小野　初めて登場したとき、音響監督の若林(和弘)さんから「強くなさそう」って言われたんです。すごくショックで、それからずっと心に留めてやってきました。悪役をやらせていただくのも珍しくて、僕にとっては毎回が挑戦です。でも、その不安が出ていたのか五十嵐(卓哉)監督から「大丈夫だよ。僕たちが選んでるんだから」と言葉を掛けていただけたのが、うれしかったです。

演じられる中で、芥川という人物にどのような変化を感じましたか?

小野　序盤では、出てきては暴れて去るというようなことを繰り返していたので、「何なんだこいつは」と思ったのが第一印象でした。ただ、太宰と接触するたびに、感情が前に出てくる感じはありますよね。それが第9話、第10話でひとつの山場を迎えて。変化というよりは、芥川が内に抱えているものをようやく少し見せることができた、という感覚がありました。

敦と芥川の関係性については、どのようにとらえていますか?

小野　誰かに認められたいという想いとか、根元にあるものがすごく似ている。でも、その気持ちの表現方法だったり、力を使う場所というのが真逆なので、ほんと両極端だなあ、と思いますね。芥川から見ると敦というのは、憎悪以外の何ものでもない。何で太宰の横にいるのが自分じゃないんだ、という嫉妬というか。「新しい部下は君なんかより、よっぽど優秀だよ」という太宰の言葉は、芥川の心を鋭く貫きました。それまで単に目障りなやつという感じだった敦への思いが、一気に激しい憎悪に変わった瞬間なんじゃないでしょうか。

そんな敦とついに直接対決を果たした第10話は、どのようなお気持ちで収録に臨まれましたか?

小野　「よし、戦うぞ!」という気持ちでスタジオに入ったので、収録自体はすごく楽しかったです。芥川にとっては第1クールのクライマックスとなる話で、いきなり胸のうちを爆発させる感じだったので、これまでにもずっと彼自身の中にはあったけど外側に表現されてこなかった部分をどう表現したものか悩みましたね。太宰に認められたいという思いと敦への嫉妬しかないので、わかりやすいと言えばわかりやすい男ですが、その度合をどこまで上げていくかというところが難しかったな、と。アフレコの段階でもかなり絵が出来上がっていたのはありがたかったのですが、逆に、あれだけ細かいアクションにどこまで対応できるかというハードルも感じました。

上村(祐翔)さんと一緒にお芝居される中で感じたことを教えてください。

小野　現場でいつも感じていることですが、ほんとに真っすぐに体当たりで敦に向き合っているな、と。その気持ちよさがそのまま敦に反映されていて、とてもいいなあと思っています。特に第10話では、僕が出演していない間にも敦が生きる意味のようなものを見つけていて、どんどん格好いい主人公になっていってるんだってことが祐翔くんのお芝居から見えたんですよ。これまでの敦には「芥川と戦ったらヤバイ、負けるぞ」という恐れがありましたが、対等に「こいつに負けたくない」と、お互い同じラインに立っていることをすごく感じました。

芥川もあの戦いを通して敦を認めることができたのでしょうか?

小野　認めたくはなかったでしょうね、きっと。これまでもずっと気に食わなかったわけだし。……やっぱり、芥川ってすごくかわいそうです。もしかしたら、芥川も敦のようになれたかもしれないって思うんですよ。歩んだ道の違いというか、太宰との出会い方が違っただけでこうも変わってしまうのかと。人生って酷ですね。

そうですね。「だのに……なぜ、貴様なのだ」というセリフも胸に迫るものがありました。

小野　芥川のすべてが入っているセリフだと思います。僕自身もそういう悔しさを抱くことはあるから、自分が頑張っていればいるほど強くなる思いだってわかります。努力って他人に見せるものじゃないし、いつか誰かがわかってくれて、声を掛けてくれたり選んでくれたならいいって思うけれど。

ほかに印象深いセリフはありますか？

小野　鏡花に対する言葉は、自分がずっと言われてきたことなんだろうなって。自分と同じような境遇の鏡花に、生き抜く術を教えてやっているという感覚があったんだと思います。そして、太宰さんにしてもらったように、鏡花を育てたかった。どんなにひどいやり方だとしても、芥川にとっては当たり前のことだし、それしか知らないし。結果、逃げられちゃうんですけどね（笑）！　芥川は芥川なりに鏡花がこの世に存在する意味というのを示していたんじゃないか……と思うと、また切なくなっちゃいます。

先輩としての太宰をどう思いますか？

小野　よくないと思います（笑）。芥川は、ポートマフィアで功績を残すことが太宰さんに認められることだ、自分が存在している意味だって思っている。太宰だってわかっているはずなのに、それしか知らない彼に何も言わずに去っていったんですよ。「俺はこうこうこういう理由でポートマフィアを出て行くが、おまえもついてくるか？」のひとことがあれば、今とは何かが違ったかもしれないのに。人間って理由がわからないとどんどん悪い方向に考えてしまうところがあるじゃないですか。負のループですよね。

そんな太宰を演じられている宮野（真守）さんとお芝居をされて、いかがでしたか？

小野　太宰はすごく自由なキャラクター。心の中を明かさず、人を翻弄するという点は宮野さん自身が意識してやられているのかなと思います。僕にとって太宰は、常に芥川を挑発してくる存在なので、正直毎回かなりイライラさせられています（笑）。そのフラストレーションあっての芥川ともいえるので、芥川を演じていくうえでは、ものすごくいい刺激に違いないのですが、接するにはかなりのエネルギーを使います。

芥川は、太宰のどこにあそこまで惹かれているのだととらえていますか。

小野　圧倒的に強い……というところもあると思いますが、やはり子供の頃のどうしようもない状況から救い出してくれて、生きる意味を与えてくれたところが大きいと思います。この人に助けてもらったから、この人のために戦おう。その気持ちがすべてです。

そんな芥川を慕ってくれる唯一とも言える存在が、樋口一葉です。第11話について、どのように感じられましたか？

小野　自分のことなんてまるで眼中にないことがわかっていても芥川を助けに行く樋口に、ただ慕っているだけではない信念のようなものを感じました。みんなそれぞれ「誰かのために戦う」という強い意志を持って動いているんですね。それから、芥川の「済まんな」という言葉は第10話で敦に負けたからこそ出てきたものだなと。彼なりに思うところがあったはずだから、これから変わっていく気がします。

第1クールを通して、あらためて感じた芥川の魅力を教えてください。

小野　嫉妬に燃える男というところかな。EDの映像を見ても感じていただけると思いますが、なにしろかわいそうなんです。かわいそうすぎて、逆に、そこが魅力になっちゃうくらい（笑）。戦う姿を見る分には、素直に格好いいと思うんですけどね。あの「中二病」感は徹底して突き進んでほしいです。

異能力の発動シーンは、その最たるものですね。

小野　はい、叫ぶだけでも気持ちよかったです。個人的に「仮面ライダーアギト」が大好きだったので「獄門顎！」なんて、たまらなかったですね（笑）。芥川って、独特の言い回しが多いじゃないですか。「僕（やつがれ）」とか、クセになっちゃいました。さすがに日常使いはしませんが……。そうそう、オーディションのときに、最初「ボク」って読んじゃったんです。振り仮名も振ってあったんですけど。若林さんから訂正を受けて本番をやったんですが、そこでも思いきり「ボクは」って言っちゃった。それぐらい集中していたってことなんですけどね。やっちゃったなと思っていたので、受かって本当によかったです。

この作品を通して、ご自身の糧となったことはありますか？

小野　最初のディレクションで、若林さんから「どこかに違和感があると人はゾッとするよね」と言われたことです。本気で戦っているはずの人が無意識に笑っていると、その違和感に恐怖を覚える。芥川は敦への嫉妬や憎悪を見せないところからスタートしているので、初めのうちは表情通りの声色から少しズラしてみるのもいいだろう、と。それが、第10話のバトルになると、内側の感情も表に出てきて自然と顔と声が合ってくる。自分にはそこまで考えが及ばなかったので、なるほどなあと思いました。

それも、役者さん渾身のお芝居を受け止めてくれる映像あってのことだと思います。

小野　確かに映像がきれいなので、それだけでテンションが上がる作品です。「文豪ストレイドッグス」をいいものにしよう、もっと高みを目指していこうという思いが画面を通しても伝わってくるんですよ。五十嵐監督についていこうという団結感のある現場だと思います。

最後に、第2クールへ向けての意気込みをお聞かせください。

小野　芥川の大怪我がちゃんと治るのかも気になりつつ（笑）、彼のことなので劇的に変わることはないと思いますが、敦との戦い以降の内面の動きを表現できたらいいなと思っています。

Ono Kensho

10月5日生まれ／福岡県出身／主な出演作品は、「黒子のバスケ」（黒子テツヤ）、「ReLIFE」（海崎新太）、劇場アニメ「映画 聲の形」（永束友宏）ほか

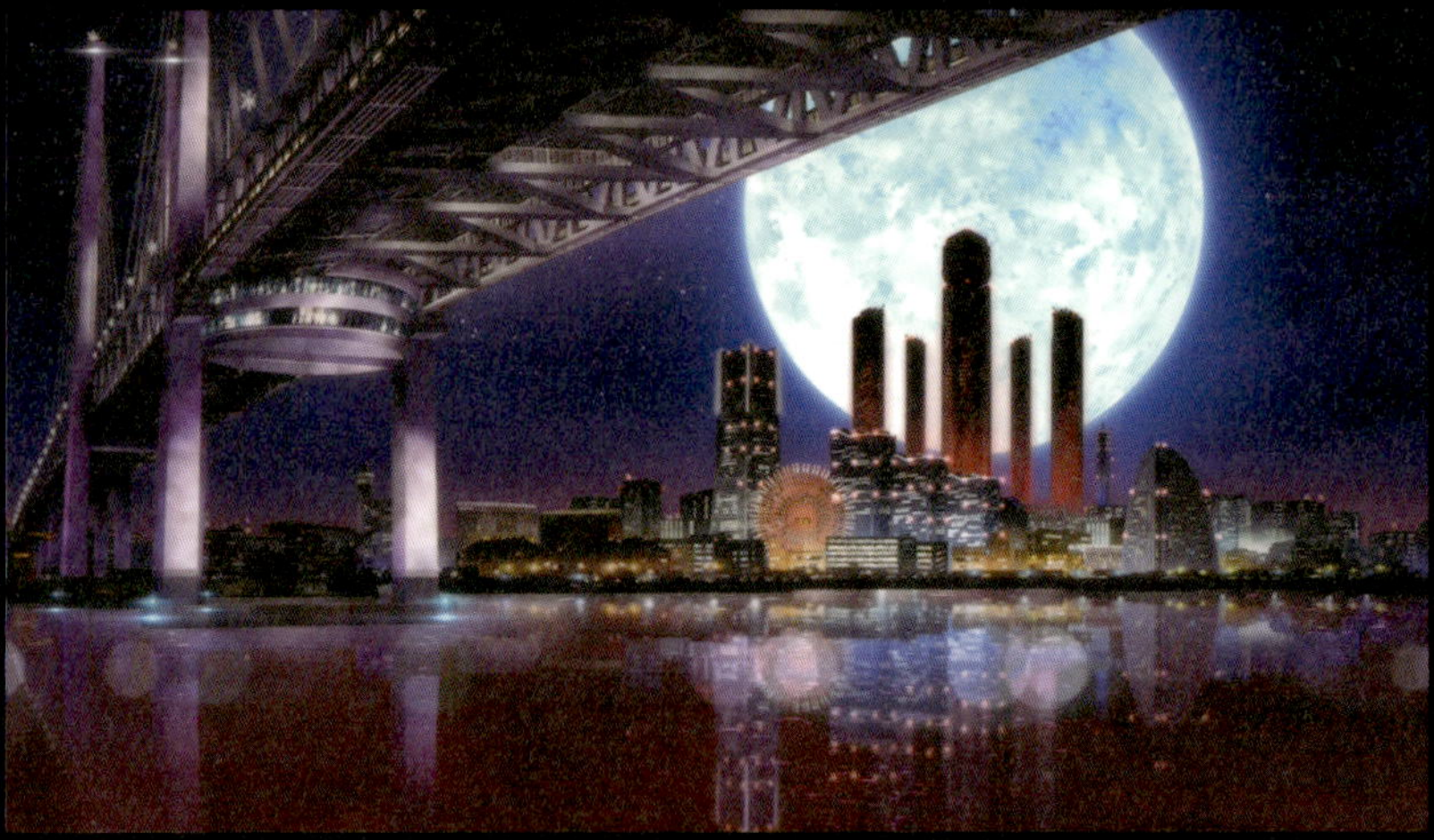

▼港湾都市ヨコハマ

異能力者たちが集うヨコハマという街

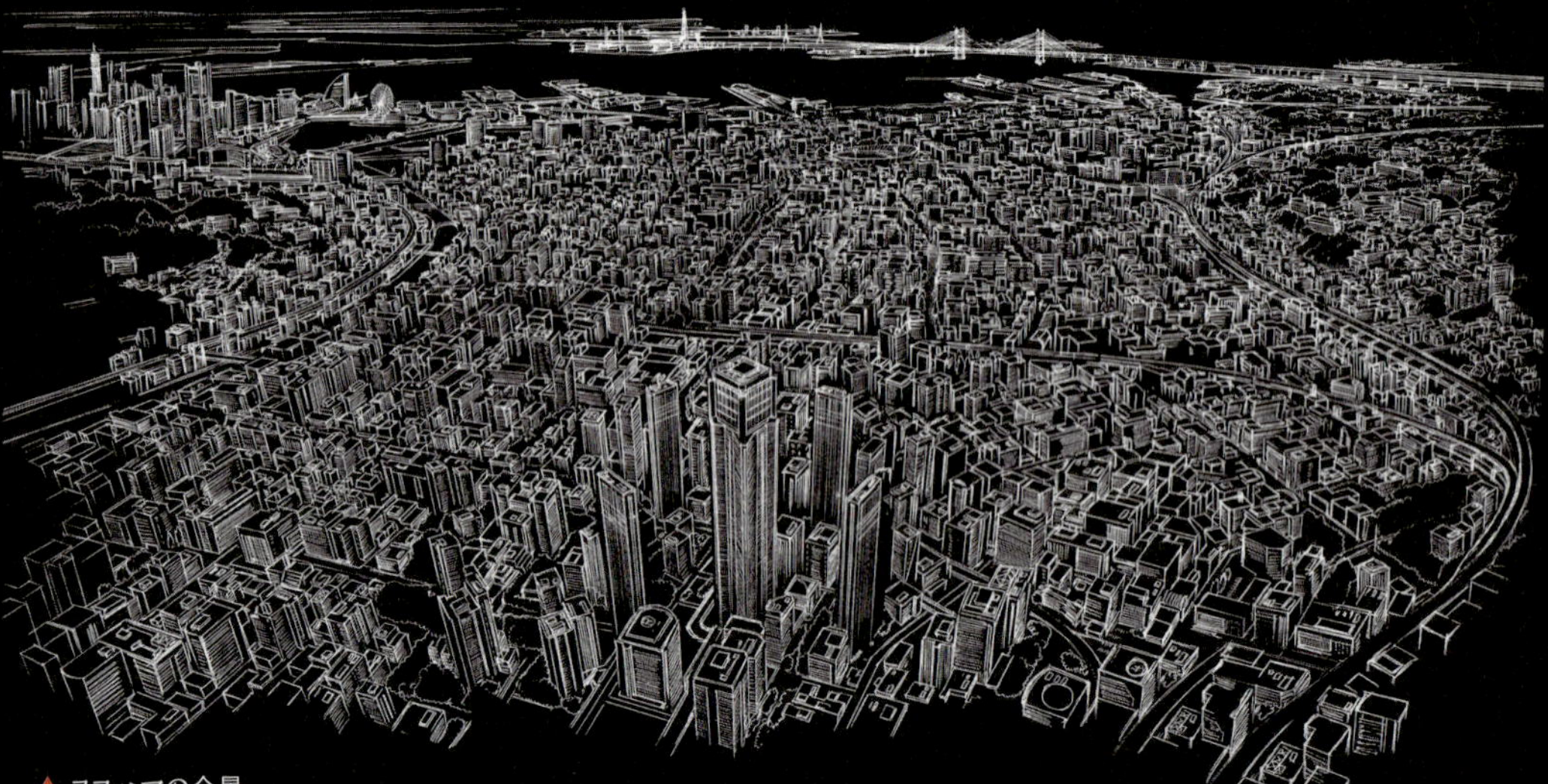

▲ヨコハマの全景

モダンで無機質なビル群とノスタルジックな情緒溢れる建物の混在する港湾都市・ヨコハマ。武装探偵社とポートマフィアが各々拠点を置くこの街は、先の大戦終結より連合軍系列の各国軍閥が次々に流入していた。統治を名目に治外法権を振りかざし、ヨコハマの土地を蚕食《さんしょく》するように自治区を築き上げる。そのためヨコハマは、戦時中と比較にならないほどの無法地帯となったのだ。ヨコハマの殺し屋は他の都市のそれとは危険度の桁が違うといわれる。この魔都は犯罪者の楽園であり、群雄割拠する闇組織、海外非合法資本、そして犯罪者のるつぼだ。

そして異能力者の存在を忘れてはならない。ほとんどの市民は日常生活で遭遇することはまずありえないレベルで都市伝説化しているが、真にヨコハマに存在している。

ポートマフィアと呼ばれる、ヨコハマの暗部そのものである凶悪組織が異能力を用い勢力を広げ、いまや街の政治・経済のほとんどに関係するといわれている。だからこそ、浮気調査などの一般的な探偵業務とはかけ離れた、軍や警察に頼れない危険な依頼を取り扱う武装探偵社が存在し得るのである。

武装探偵社

レンガ造りの赤茶けた年季の入ったビルの4階に武装探偵社は居を構える。1階は喫茶処「うずまき」。2階は法律事務所、3階は空きフロアで、5階は雑多な物置になっている

▼元町商店街

探偵社周辺

武装探偵社の入居するビルの周辺は、どちらかというとレトロな雰囲気の建物や低層階の建造物が密集している。人で溢れる商店街から見ると、遠くに見える高層ビルが異次元世界のようだ

ヨコハマ街中

ヨコハマは旅行客も多く訪れる都市でもある。港や公園だけでなくショッピングエリアも充実している。港湾都市の歴史を伝える博物館や記念会館はレトロな雰囲気を残しているので、さぞかし観光するには魅力的な街だろう

▲開港記念会館

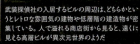

孤児院

敦という人間を形作った原点がこの孤児院だ。院長や職員に囲まれて、さげすまれ、罵倒されたため、鬱屈した性格になってしまった。泣くことすら許されず、誰からも認められず、人間としての居場所がなかったと敦は振り返る。孤児院自体は立派な造りになっているようだ

そば処 い炉裏

数日何も食べていなかった敦が、太宰と国木田に茶漬けをごちそうになった店。テーブル席の他に小上がりがある。敦曰く、「もう茶漬けは10年は見たくない」ほどしこたま食べた。「人食い虎」の話になった途端、逃げようとする敦だったが、国木田は店のど真ん中で押さえ込む荒業を見せる

河川敷

孤児院を追い出された敦が、数日後にたどり着いたのが鶴見川の河川敷だった。生きるために財布を奪おうと通りかかる人間を待っていたら、上流から自殺しようとしていた太宰が流れてきたので、見捨てられずに助けてしまう。この邂逅が敦の運命を変える

レンガ倉庫

通常の倉庫とは異なり、建物上部に窓があり光が入る構造となっている。人通りが少なく秘密裏に事を進めるのに最適な場所で、敦が災害指定猛獣かを確かめるために太宰がここを選んだのも当然だ。レンガ造りの倉庫は他の都市では珍しいものとは思うが、ヨコハマには多く存在する

倉庫街

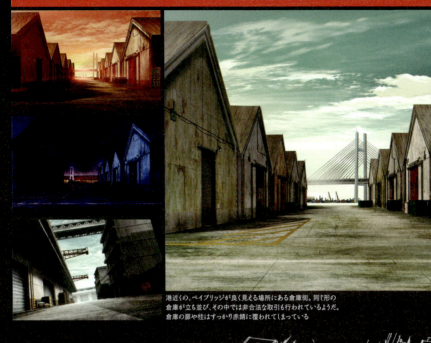

港近くの、ベイブリッジが良く見える場所にある倉庫街。同じ形の
倉庫が立ち並び、その中では非合法な取引も行われているようだ。
倉庫の扉や柱はすっかり赤錆に覆われてしまっている

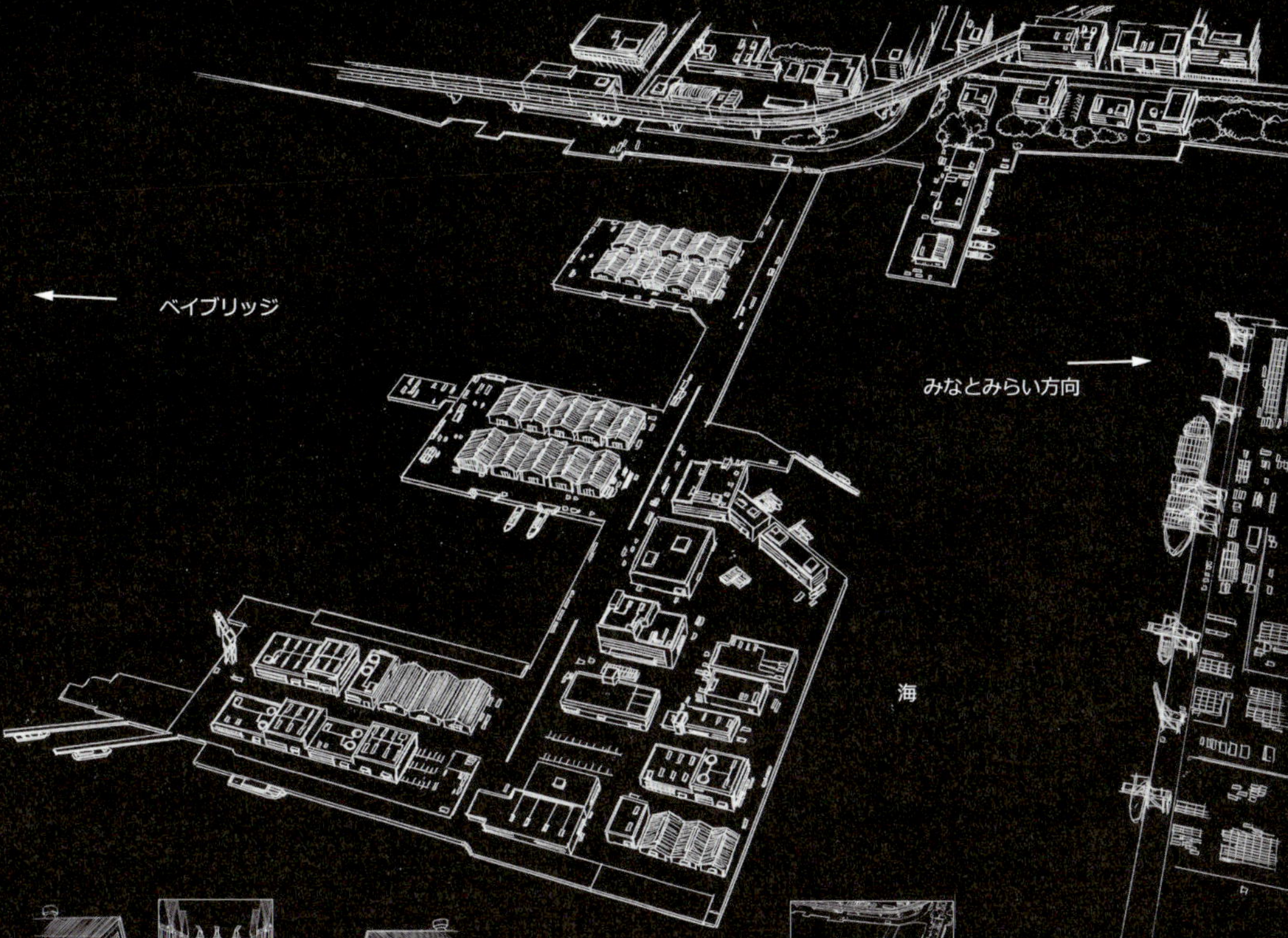

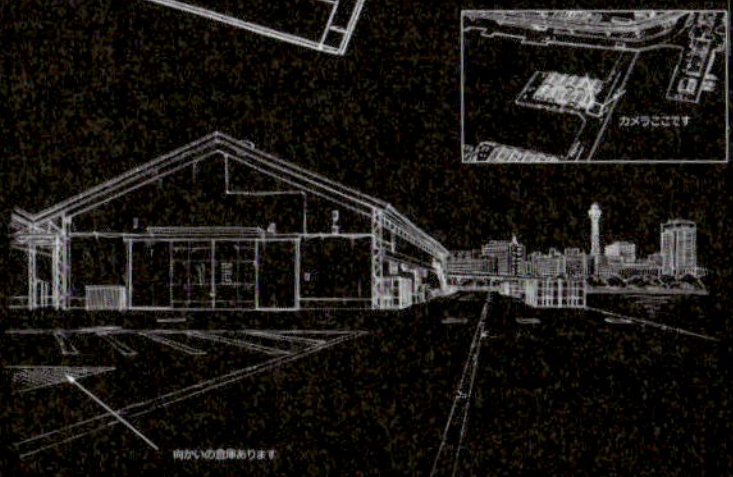

▲ 倉庫街全景
同じような倉庫がいくつも整然と並んでいる。港か
ら突き出た土地に建てられているため、建物の内
部で何が行われているか把握しづらいことだろう

ポートマフィアの拠点

▲地下監獄

ポートマフィアが使用している部屋は、概して間接照明で、芥川と樋口のオフィスも手元が明るいだけだ。さすがにトイレは明るいが、樋口が黒蜥蜴の銀に脅されたように気が抜けない

▲ポートマフィアの食堂

▲女子トイレ

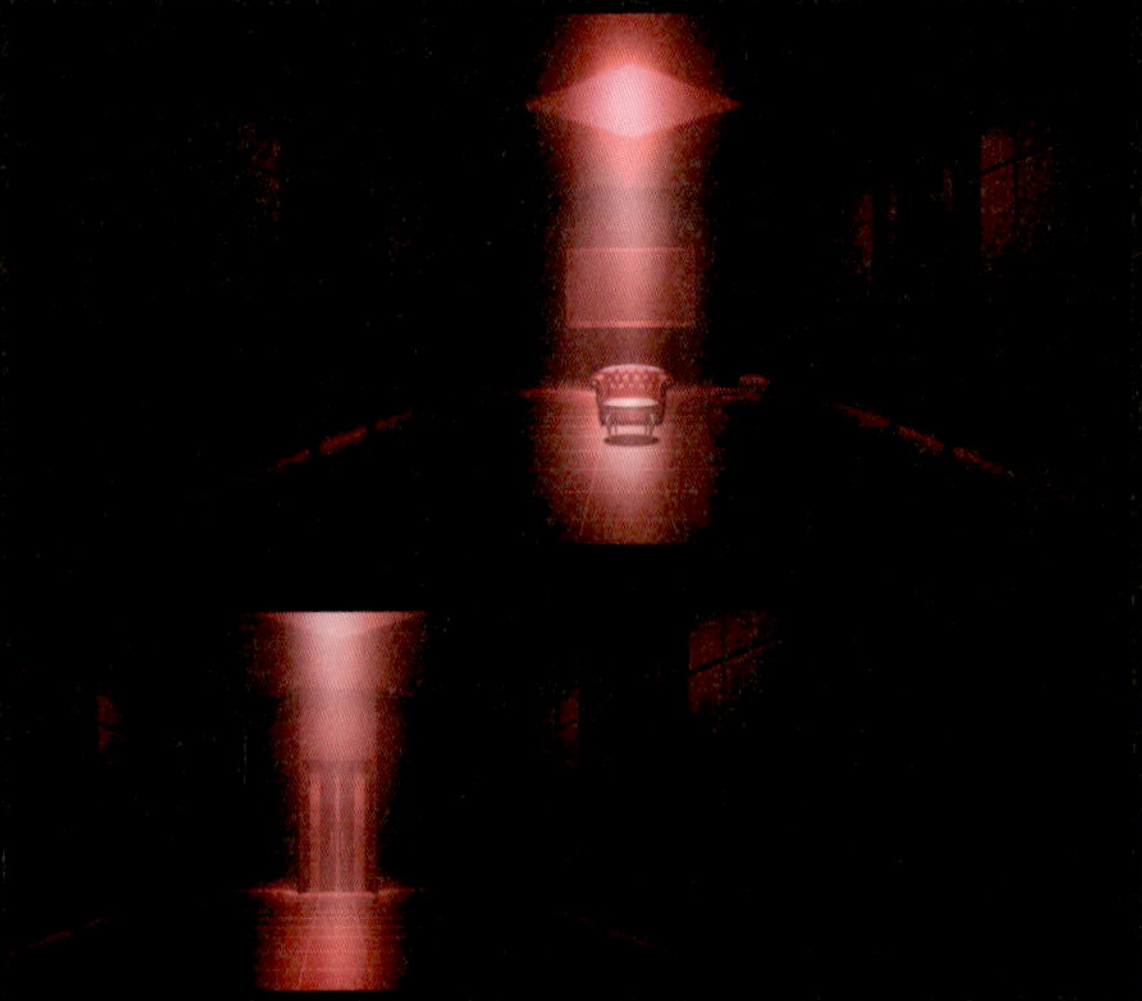

▲芥川と樋口の部屋

▲武器庫

路地裏

「密輸業者がいる」と言う樋口に連れられて、敦、谷崎、ナオミの3人が連れ込まれた場所。高いビルに囲まれた路地裏では、どんな激しいバトルが行われたとしても、表通りで気が付く人間はあまりいないかもしれない

交番

芥川が黒い鞄を持って訪れたのは、神奈川県軍警察横浜西区交番。ビジネス街らしいエリアで人通りも多く、建物の外装は周囲になじむようにレンガ造りっぽくなっている。しかし内装は通常の屯所らしく、シンプルなものだ。芥川の写真が印刷された指名手配ポスターがカウンターの下に貼ってある

廃病院

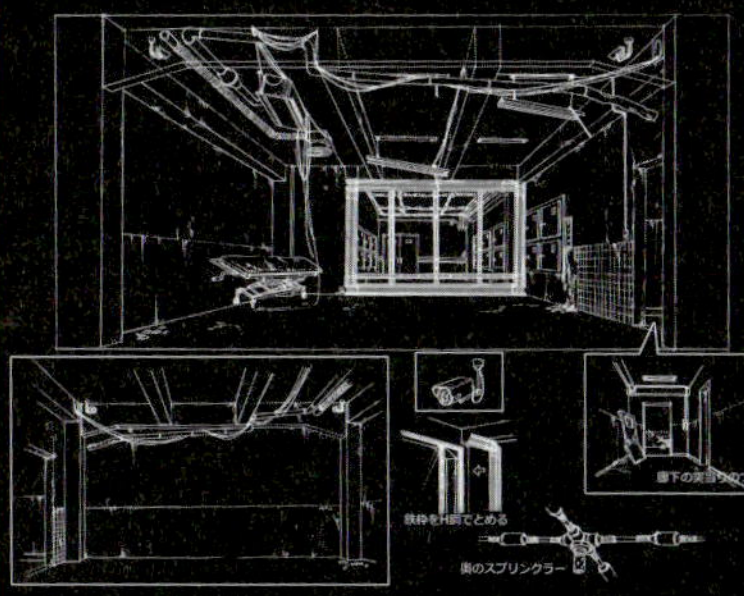

周囲に民家もない廃病院の地下室には、実は佐々城信子が囚われていた大きな水槽が設置されていた

六蔵の部屋

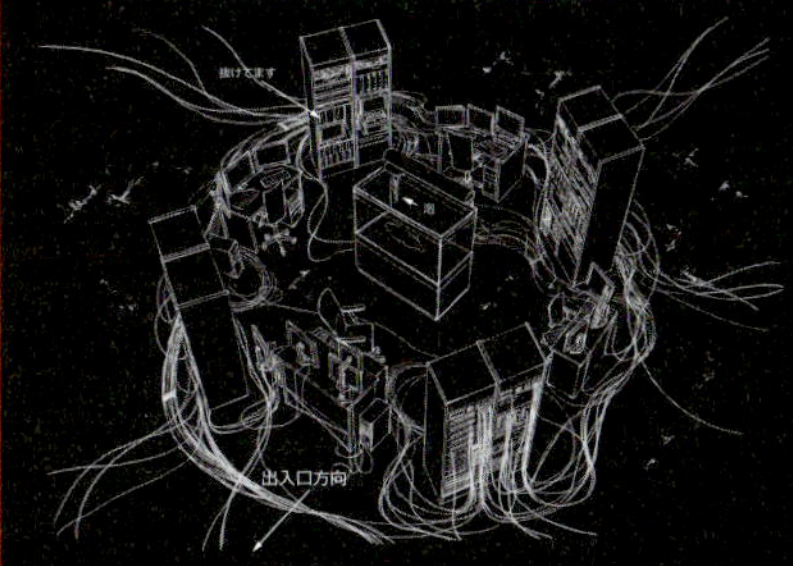

いくつものサーバーで周囲を囲んだ中心には、机や床の上にPCモニターが無造作に置かれている。六蔵の趣味である熱帯魚の水槽が机の後ろに置かれている

「蒼の使徒」を追って

▼ 蒼き王のアジト

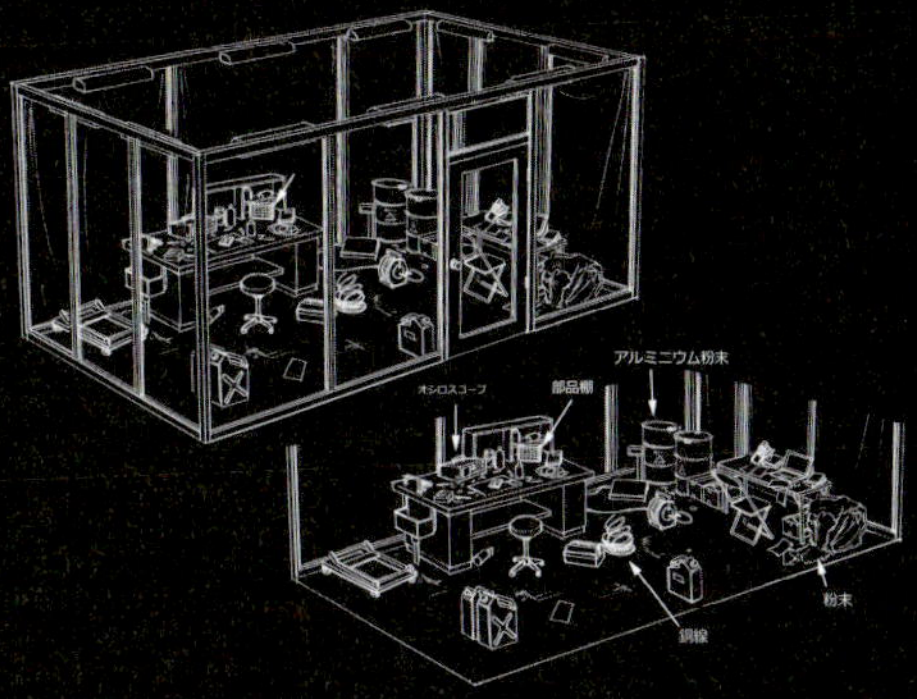

▲ 石油コンビナート

▼ 上・釣り具屋／下・廃病院

▼ 旧国防軍基地 通信室

臓器密売人が取引に使っていたのは、かつて蒼色旗のテロリスト事件で有名な「蒼き王」がアジトとしていた場所で、「蒼の使徒」が新たに爆弾製造設備を置いていた。そののち、武装探偵社の面々は石油コンビナート近辺の釣り具屋付近に爆弾が置かれているのを知り、昼間の廃病院のロビーで「蒼の使徒」の正体をついに暴く

墓地

港を遠くに眺めることができる高台にある教会の墓地。国木田と信子が居合わせた墓地は街の喧騒とは離れ、鳥の声と客船の汽笛以外は静寂につつまれている

▲ 旧国防軍基地

武装探偵社へようこそ

事務室

異能力を持たない一般事務員数名も雇われている。夜遅くまで残っている事務員は数人いるが、残業というより好きで事務所に残っているらしい。探偵社が襲撃にあった時、破壊された事務所を片付けることも仕事のうちだ。

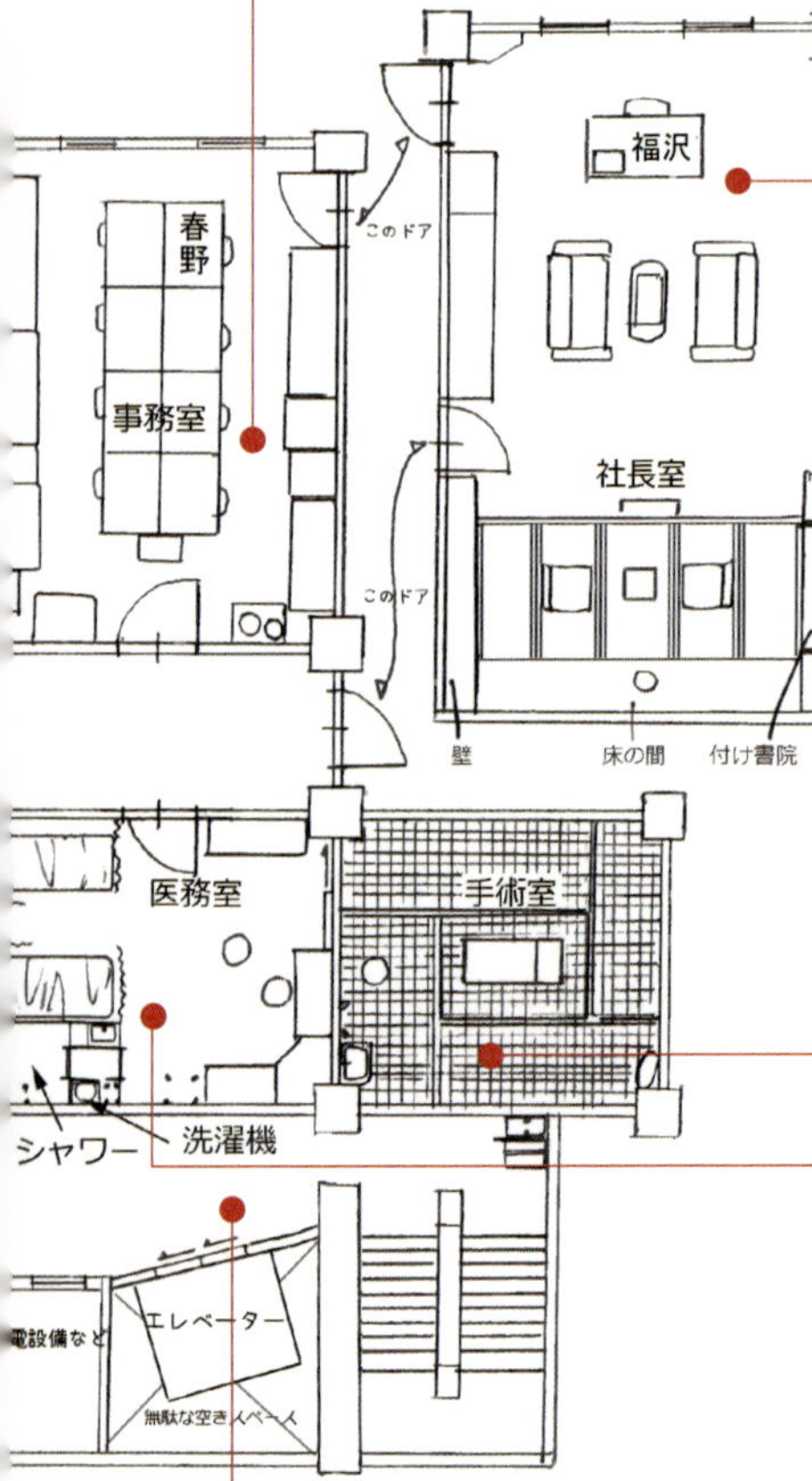

社長室

社長の福沢は北米異能者集団ギルドの団長、フランシスが探偵社を訪れた際に、この部屋の応接セットで応対した。洋風の部屋だが床の間があり、実に見事な床柱が用いられている。「人の上に人を造らず、人の下に人を造らず」と書かれた掛け軸が印象的。

医務室

与謝野が管轄していて、負傷した探偵社社員が入院できるようになっている。ベッドは2台。敦が初めて芥川と対峙したあと、気が付いたら入院服姿で寝かされていた。隣にある手術室からは患者の叫び声が聞こえてくる。

手術室

ここは与謝野の独壇場で、誰も逆らうことはできない。手術用とは到底思えないノコギリなどの〝道具〟が壁にかけられている。極めつけは、患者が逃げないための拘束具がベッドに付属していて、手術中は身動きが取れなくなる。

エレベーター・階段

旧式のエレベーターで、非常に趣があるアールデコ様式のインジケーターがある。到着を知らせるチャイムも懐かしさを醸し出す。エレベーターホールの横の階段は、上の階にある物置へ行くのによく使う。

ヨコハマ・元町にほど近い場所に位置する武装探偵社は、レトロなレンガ造りのビルの4階にある。探偵社の業務とは通常縁遠いと思われる医務室や本格的な手術室を備えており、荒事で怪我をした際もすぐに治療できるよう配慮が行き届いている。事務所自体も過去に何度か敵の襲撃にあったことがあるのだが、難なく退けてきたようだ。だがその都度、備品の処分と再購入、階下から来るクレームにお詫びの品を持って謝りに行かなければならないのが、国木田にとって面倒なことらしい。

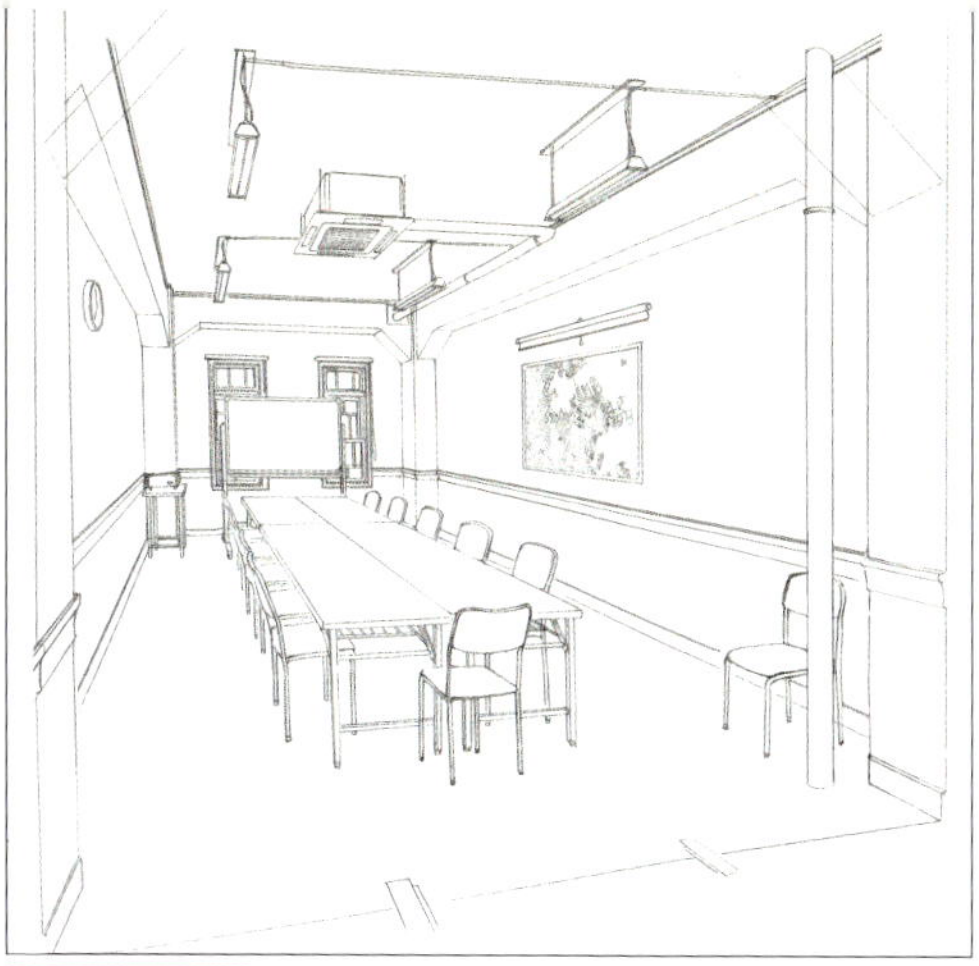

社内フロア

探偵社の社員のデスクが設置されているスペース。乱歩は独立しているが、それ以外の社員は2つの島に分かれている。敦の席は太宰の隣のため、報告書を書くなど、あわよくば自分の仕事を押し付けてきそうな先輩をどうにかやり過ごすのに一苦労しているようだ。

会議室

探偵社の作戦を練るために社員が集まる場所。会議をリードするのは国木田の役目だ。ホワイトボードを使い、進行していく彼の姿は、前職の教師姿を思い浮かばせる。

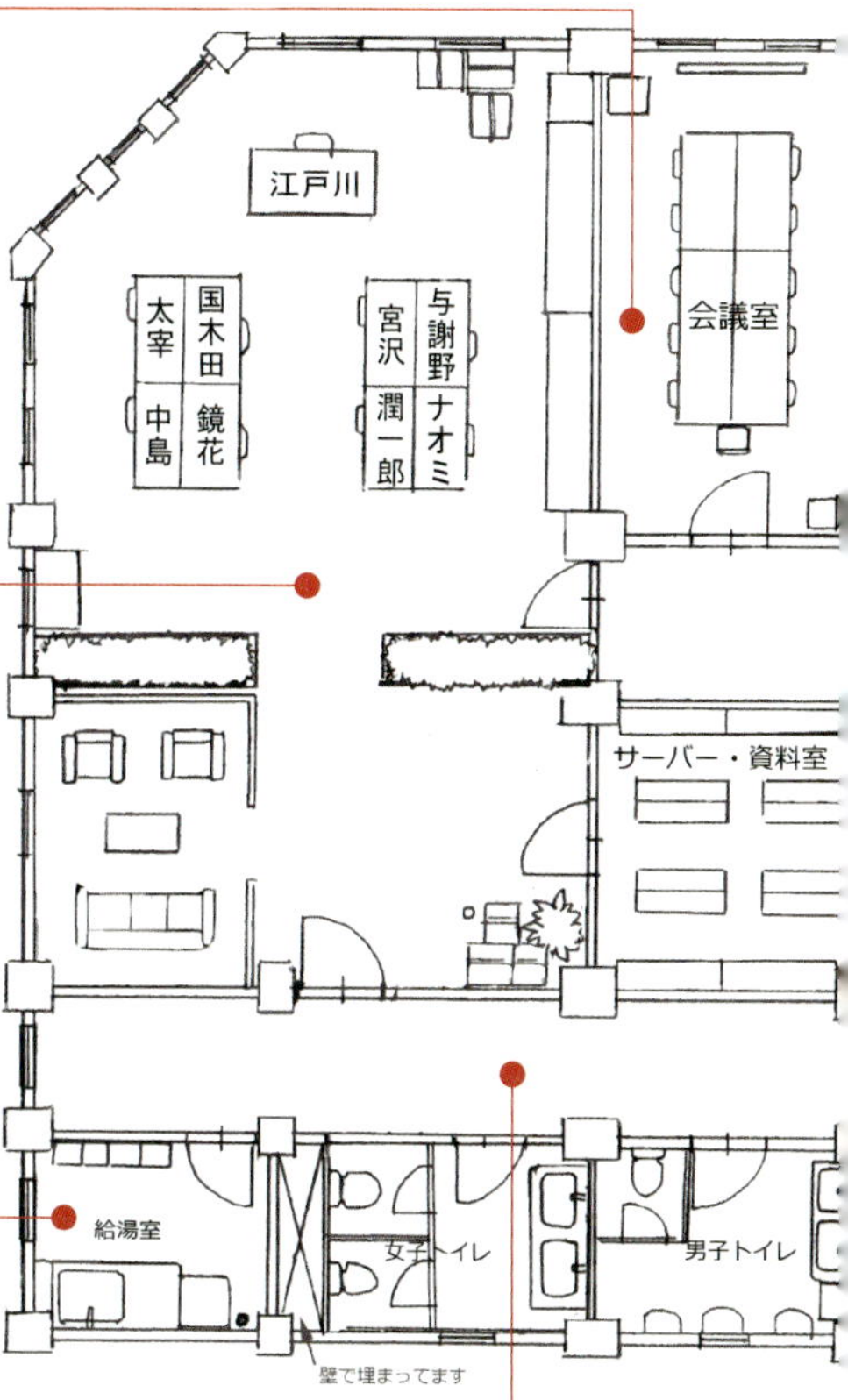

つい立てと観葉植物で社員のデスクスペースから仕切られ、シンプルな応接セットが置いてある。探偵社への依頼者と面談するのに使われる。樋口が相談者をかたって来訪した際もここが使われた。

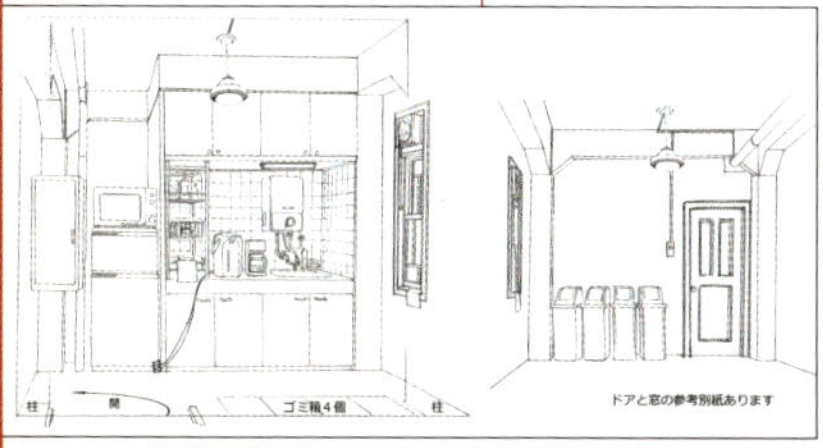

給湯室

異能力者集団の会社とはいえ、給湯室は他と何ら変わりない。探偵社の事務員たちが毎日、井戸端会議を繰り広げているのだろう。

4階廊下

照明が蛍光灯ではないため昼間でも少々薄暗い状態だが、ビルの雰囲気が伝わるデザインが壁に施されているのがわかる。黒蜥蜴が急襲した時は、ポートマフィアの末端構成員がずらりと控え、百人長・広津の指示を待っていた。

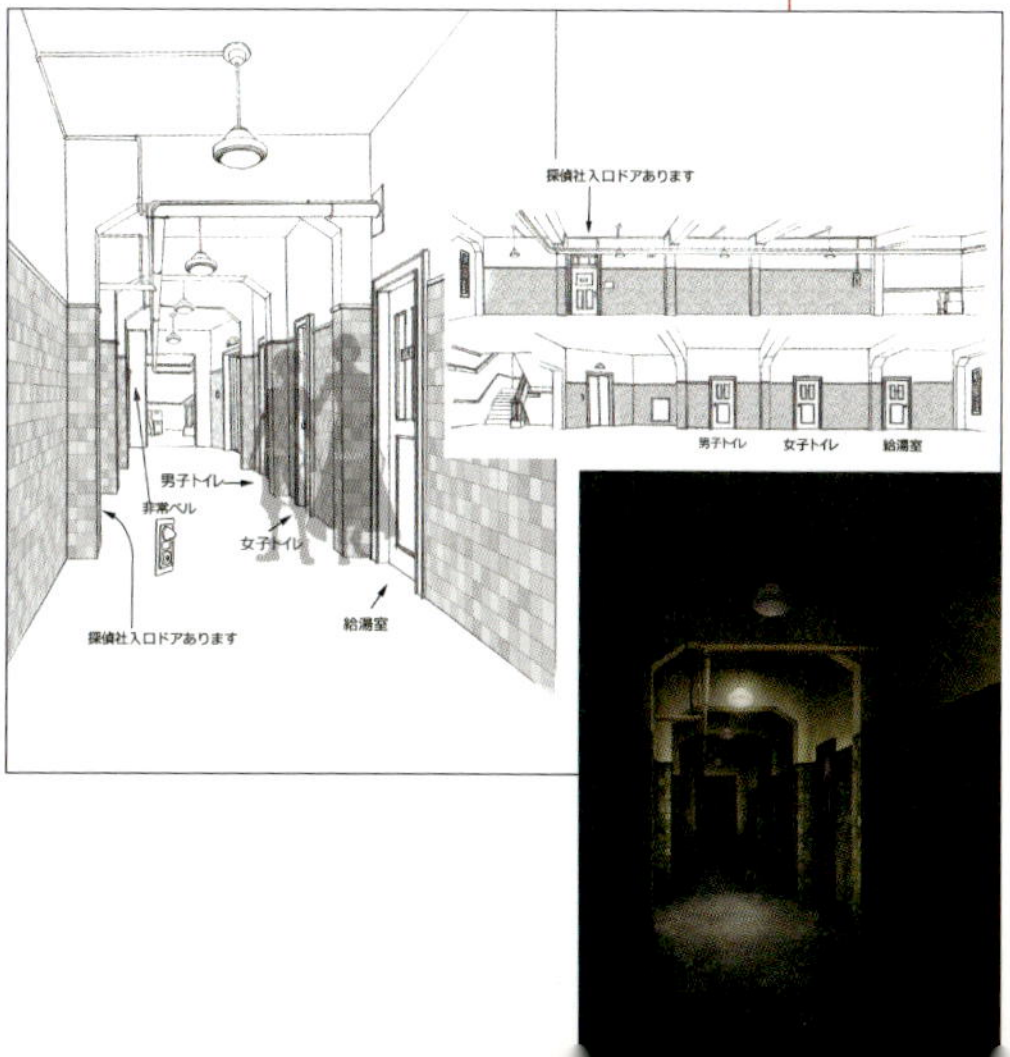

社員たちの机

谷崎ナオミ
ファイルやケースがきっちりと整理されており、小さな棚には電話機、メモ帳、文房具、電卓などが使いやすいように配置されている。使っているマグカップは谷崎とお揃いだ。

宮沢賢治
大きな鉢植えの観葉植物……と思いきや中身はカブ。農村とは異なる環境なので、「プランターで育てる野菜」という本を机に置き、都会の環境でも野菜を育てようと努力している。

太宰治
整理整頓という言葉がこれほど意味をなさない男はいないのかも。ファイルは積み上げられたままで棚に返していないものも多く、未提出書類や自殺読本など業務に関係ない本なども散乱している。

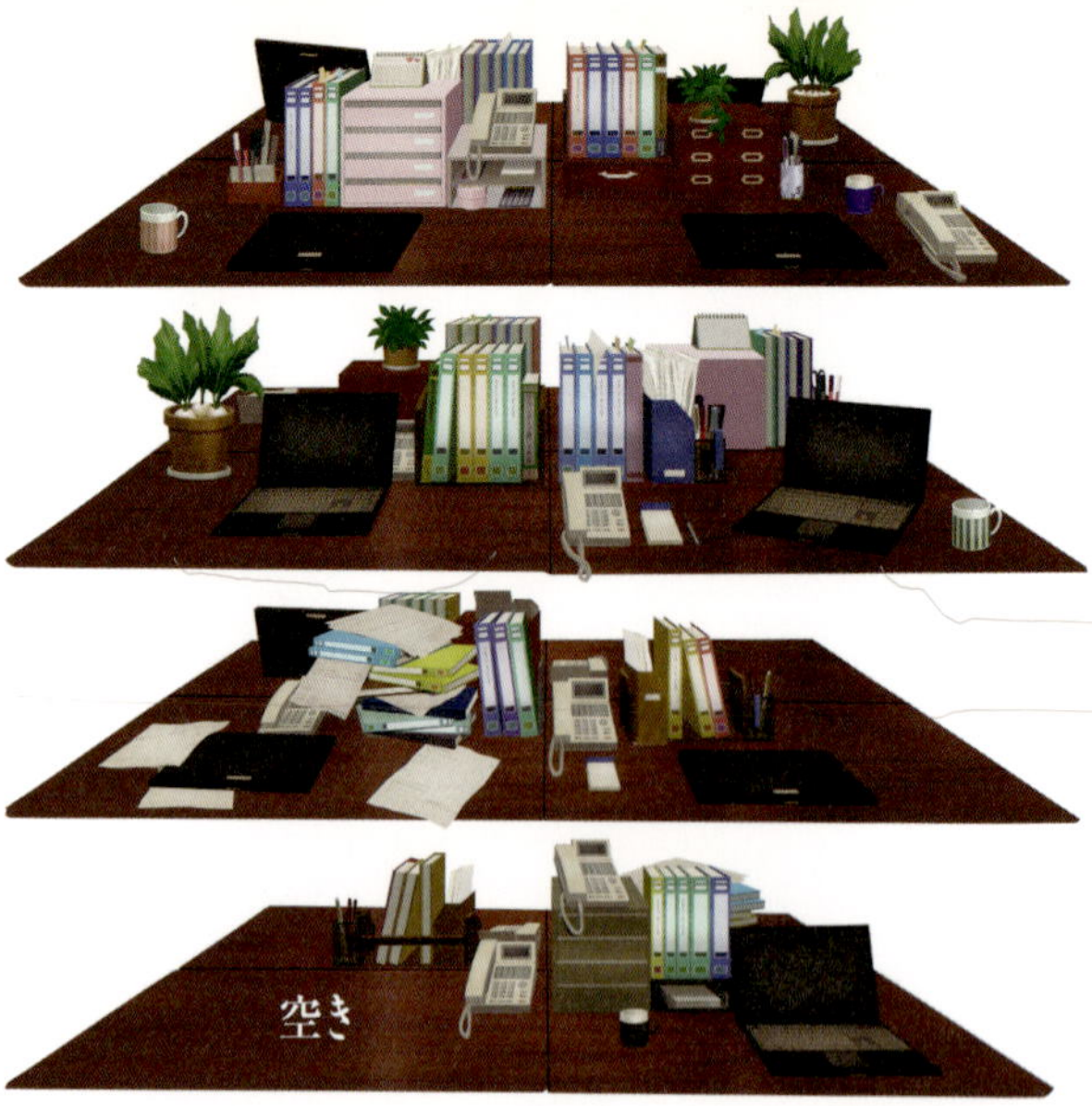

与謝野晶子
荷物持ちが必要なほど買い物をする割には机の上はすっきりしている。髪飾りのように蝶の柄を好むのがペン入れからも見て取れる。マグカップには思い入れがないようで、ペーパーカップをホルダーに入れている。

谷崎潤一郎
机の上がきれいで使いやすい状態なのは、ナオミが整理整頓をやってくれているからかも。電話機の横にはメモ帳がきっちり並べられている。もちろんナオミと色違いでお揃いのマグカップは必需品だ。

中島敦
新入社員のため、支給されたもの以外はまだ置かれていない。電話を置くことで、隣の太宰のファイルがふとした拍子で倒れてくるのを防ごうとしているのかも。

国木田独歩
向かいに座る太宰の書類の山が雪崩を起こして、自分のきれいな机の上を乱されることは、手帳に書かれていないはずだ。だから万全を尽くして阻止するような文具やファイルの配置になっていると思われる。

入口・ドア

ビルへの入口は武装探偵社だけでなく、2階にある法律事務所の職員も利用する。年季の入った建物だけに、もちろん自動ドアではない。郵便受けのほとんどにはガムテープが張られ、探偵社の他は、喫茶うずまきと法律事務所しかないことがわかる。

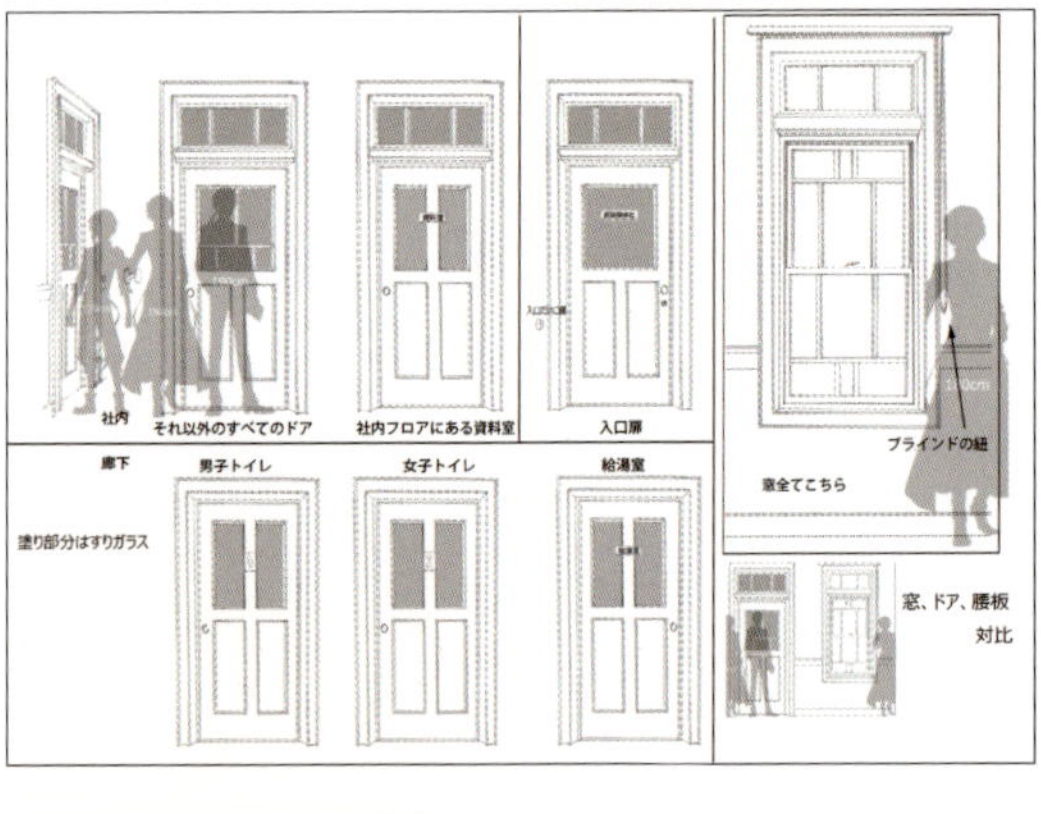

屋上

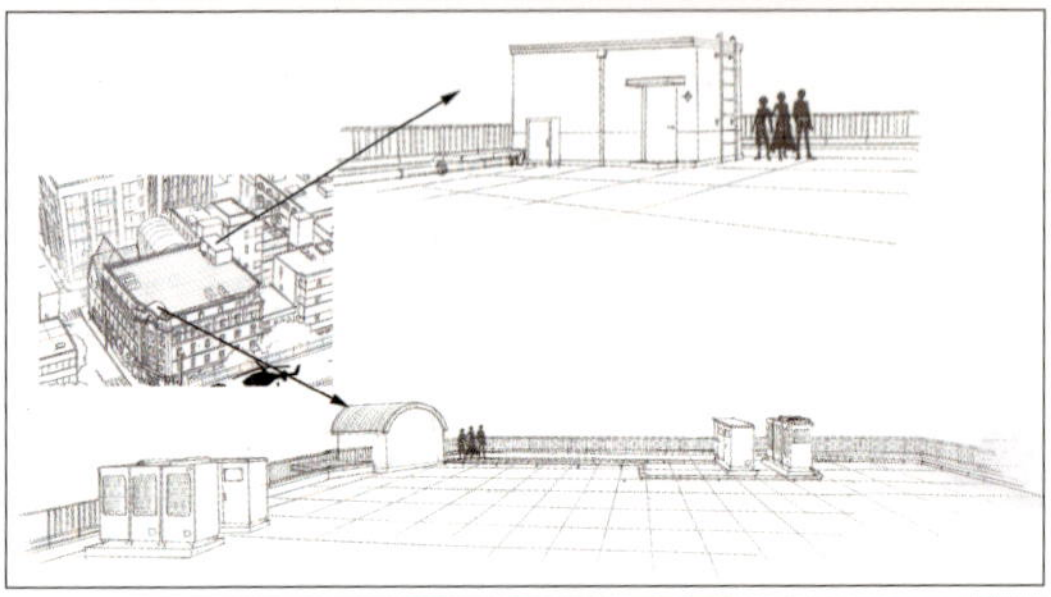

ビルの屋上からは、そびえ立つ巨大なビルがよく見える。ギルドの団長フランシス・Fが高速道路にヘリを停め、降りてきたところを探偵社の社員が臨戦態勢で出迎えたのもここだ。

喫茶うずまき

武装探偵社が入居しているビルの1階にある喫茶店。アールデコ調の内装で統一されていて、ステンドガラスのはめ殺し窓から入る外光が温かみを店内に届けている。探偵社の社員は常連客で、殺伐とした日常に一服の清涼感を与えてくれているのだろう。カウンターに置かれた蓄音機がノスタルジーを感じさせる。

喫茶うずまきの給仕（ウェイトレス）。太宰に数えきれないほど心中を持ちかけられるが、すべて笑顔でサラリとかわす百戦錬磨のつわもの。しつこい太宰に店のツケを生命保険の保険金で払えとどぎつい発言をすることも。

社員寮

敦が異能力によって虎に変身し、太宰によって鎮静させられたあと、担ぎ込まれたのがこの社員寮。寮というよりは年季の入ったアパートで、6畳一間、ちゃぶ台、1口コンロに小さな流しがある昭和テイストの簡素な部屋だが、敦にとっては久しぶりのまともな寝床だったはずだ。のちに鏡花と〝同棲〟し、朝食を用意してくれることになるとは、この時には考えもしなかっただろう。ちなみに太宰もここに住んでいる。

武装探偵社の足取りを辿る

ヨコハマ@横浜

アニメの舞台となっているヨコハマは架空の都市だが、モデルとなっている横浜の街並みが再現されている。敦や太宰が歩いた道を同じように辿ってみよう。

◀ 元町ショッピングストリートの入口にはフェニックスアーチが設置されている。不死鳥のオブジェは「伝統を受け継ぎながら常に新しく生きる」という意味合いがあり、元町のシンボルとなっている。

▲ ストリートの中ほどにある「MOTOMACHI」と書かれたゲート。脇道に入る場所にはこのゲートが設置されている。アニメでは、第2話で血相を変えた国木田が太宰と敦を呼びに来たシーンで映っている。

元町ショッピングストリート

▲ アニメではこの正面に巨大なビルが見えるのだが、実際は綺麗な青空が広がっている。このストリートは遠くの店もよく見渡せるくらいに、まっすぐ長く延びており、商店が立ち並ぶ。

元町公園

▲ 第4話で探偵社を抜け出した敦が、樋口に電話する際に使用した公衆電話。ここは探偵社からすこし離れた元町公園だ。レトロな雰囲気は横浜の街並みに合わせられており、街の所々に設置されている。

横浜駅東口

▶ 敦と与謝野が買い物に来たのは、横浜駅近くのSOGO。アニメの第8話をよく見ると「ZOGO」と書かれているのが確認できる。横浜駅周辺は商業施設が多く、買い物するにはうってつけだ。

▲ 横浜駅東口の横浜ポルタ前階段にある「PORTA横濱三塔物語」。キング・クイーン・ジャックと呼ばれる塔をモチーフに作られたパブリックアートだ。横浜にはこういったアート作品が多数存在する。

港の見える丘公園

▲ 港の見える丘公園は、探偵社のすぐ隣にある。公園は小高い丘になっているため、港とその先にあるベイブリッジを望むことができる。バラの植栽が盛んで、一年を通して様々な花を楽しめる。

コスモクロック21

▲ 鏡花が敦に乗せてもらったのは、よこはまコスモワールドにある大観覧車「コスモクロック21」。横浜の景色を一望できる。夜になるとイルミネーションが灯り、横浜の夜景の一部となっている。

▲ 第9話で敦と鏡花が巡った、横浜のスポット。この4ヶ所を回るだけでもかなり歩くことになる。横浜の海辺には多くの観光スポットがあり、1回来ただけでは回り切れないほどだ。

大さん橋ホール

▲ 大さん橋ホールからの眺め。ポートマフィアビルはないがランドマークタワーなど横浜の特徴的なビルを見渡すことが出来る。

山手警察署交番

▲ デートの最後、鏡花が連れていってほしいと頼んだのは、この「山手警察署　港の見える丘公園前交番」。アニメでは「港の見える丘公園前派出所」となっていた。この交番もレンガ造りになっている。

象の鼻パーク

▲ エンディングで敦、太宰、芥川が本を持って立っている場所は、象の鼻パークだ。広がるように置かれたタイルが特徴。

▶ 象の鼻パークの名称の由来は、防波堤の形が象の鼻に見えることから。パーク内には象のオブジェがたくさん置かれている。なぜかペンギンもいる!?

◀ 芥川が外套をなびかせて佇んでいるのは象の鼻パークからほど近い赤レンガ倉庫のそば。エンディングでは壁の影が黒から青、白と変化していく。

▶ 波止場にある遊歩道の下も通行できるようになっている。エンディングで芥川がしゃがんでいるのはこのあたりだ。

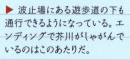

文豪ストレイドッグス キャンペーン&コラボ記録

作品内から飛び出して、「文スト」のキャラクターたちとのキャンペーン&コラボが開催された。ここではその一部を紹介していこう。

スタンプラリー in YOKOHAMA

開催期間：2016年5月2日(月)〜6月5日(日)

横浜市内で商業・観光施設を巡り、12種類のスタンプを集めるというイベント。集めたスタンプの数によって、武装探偵社やポートマフィアのクリアファイルなどが貰えた。期間中は横浜市営バス・地下鉄に乗れるオリジナル1日乗車券も発売した。

▲1日乗車券

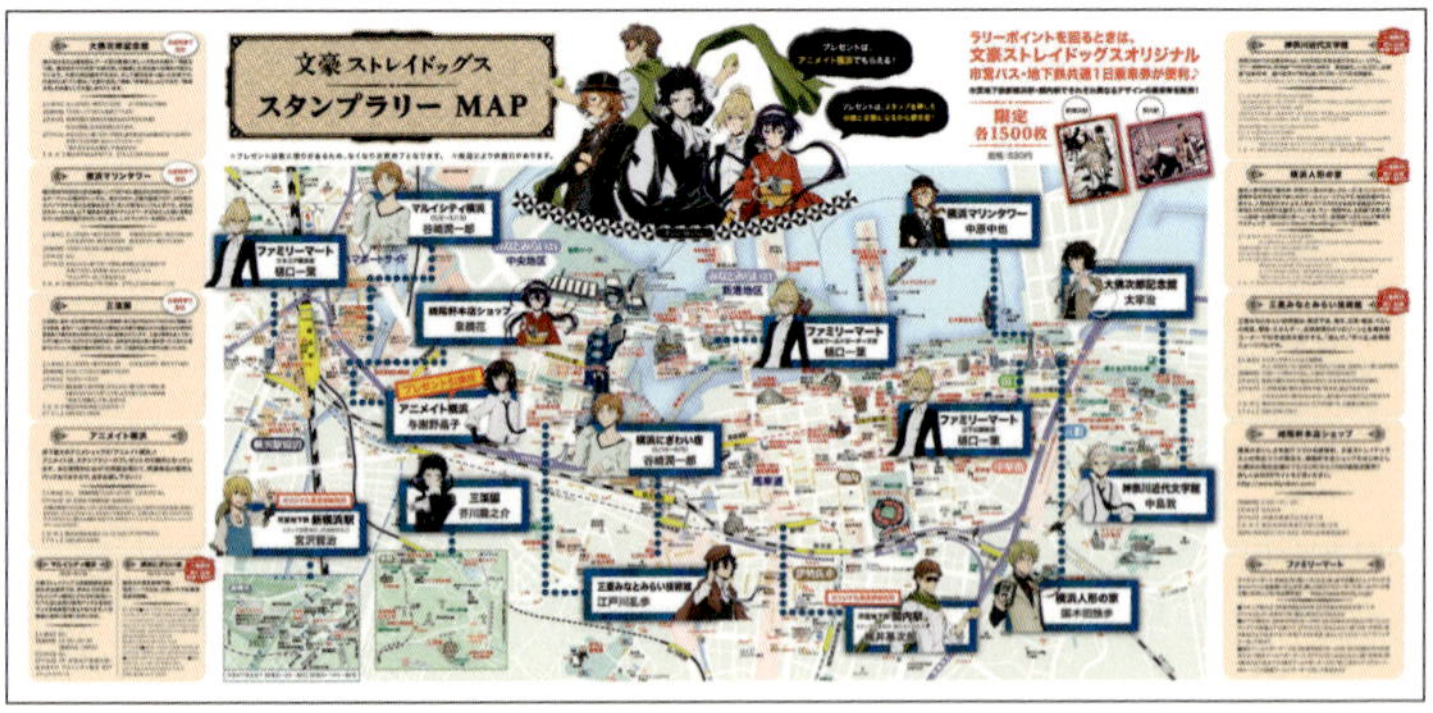

▲スタンプラリーMAP

▲景品のクリアファイル

文学館

中原中也記念館

開催期間：2016年7月28日(木)〜9月25日(日)

特別企画展「太宰治と中原中也」の開催に合わせてコラボを実施。太宰治と中原中也を中心に「文豪ストレイドッグス」の世界を紹介。文学作品との意外な繋がりも解説。春河35描き下ろしのイラストも展示され、クイズに答えることで同イラストを用いたクリアファイルをプレゼント。

◀クリアファイル

与謝野晶子記念館
（さかい利晶の杜）

開催期間：
2016年7月25日(月)〜9月30日(金)

「文豪ストレイドッグス」のアニメ・コミックスの中から与謝野晶子を中心としたパネル展示を開催。原作コミックス・小説を持参することで展示観覧料が割引に。さらに毎日先着でオリジナル缶バッジをプレゼント。SNS投稿でポストカード配布も実施。

▲ポストカード

▲ポストカード

▲缶バッジ

ファミリーマート

開催期間：2016年5月9日(月)AM7:00〜5月24日(火)

対象商品を2個買うとオリジナルしおりをプレゼント。500円以上の買い物をしたレシートでプレゼントに応募できた。

◀しおり

崎陽軒

販売期間：2016年5月2日(月)〜6月5日(日)

崎陽軒が「文豪ストレイドッグス」と「横浜ウォーカー」とコラボ。限定お菓子を販売した。連動企画で、このコラボお菓子の名称を募集。10月発売予定。

ナンジャタウン

開催期間：2016年7月14日(木)～9月11日(日)

文豪謎解きアトラクション「N街の怪事件」やゲーム屋台、コラボメニュー、さらにはキャラクターたちがねこ耳ちびキャラになった限定イラストでのグッズを販売。イベント参加や商品購入で貰えるグッズも登場。クレーンゲームやフォトシールも「文スト」仕様に。

●オリジナルグッズ

▲クリアファイル全6種

▲チャーム付シャープペンシル全11種

▲木製ストラップ全11種

▲缶バッジコレクション全11種（ランダム封入）

▲アクリルチャームコレクション全11種（ランダム封入）

●コラボメニュー

▲思い出の一杯！中島敦の孤児院茶漬け

▲「良い川だね」太宰治が思わず飛び込む入・水餃子

▲我が人生の道標！
国木田独歩の理想パスタ

▲芥川龍之介の黒獣ブラックカレー

▲「ただの帽子じゃなくってよ！」
お嬢様口調の中也餃子

カラオケ本舗まねきねこコラボ

開催期間：2016年4月22日(金)～7月25日(月)

OP曲・ED曲を歌う採点チャレンジとコラボドリンク注文で、オリジナルコースターをプレゼント。コースターには、カラオケを歌う敦たちの描き下ろしイラストも登場した。

FITS フレグランス

完全限定生産のコラボフレグランス。キャラクターをイメージした香りのボディミストだ。キャラたちがスーツでびしっと決めている。

第1弾：中島敦、太宰治
第2弾：国木田独歩、江戸川乱歩
第3弾：芥川龍之介、中原中也
各1,800円＋税

アニメイトカフェキッチンカー＆アニメイトカフェショップ

キッチンカー開催期間：2016年6月17日(金)～7月24日(日)

▲コラボカフェドリンクメニュー

▲キッチンカー

アニメイト池袋本店前のキッチンカーが「文スト」仕様に。コラボドリンクが販売された。さらには池袋、新宿、京都のアニメイトカフェショップでのコラボも行われた。

神奈川県 献血センター

開催期間：2016年6月16日(木)～7月17日(日)

▲献血ポスター

キャンペーン期間中に献血をするとクリアファイルと下敷きのセットが貰えた。

青森県「五所川原立佞武多」

開催期間：2016年8月4日(木)～8月8日(月)

▲コラボイラスト

お祭りで〝キャラクターねぶた〟が練り歩く！ 青森県の企業とのコラボで「走れ！塩メロンパン」なども発売された。

アニメ・音楽・ドラマCD

Blu-ray&DVD

発売・販売：KADOKAWA
各巻：Blu-ray 7,600 円＋税／ DVD 6,600 円＋税
共通仕様：キャラクターデザイン新井伸浩　描き下ろし特製デジパック
春河 35 先生によるおまけページ付き！「文豪ストレイドッグス」特製ブックレット

文豪ストレイドッグス 第1巻
第1話、第2話収録

映像特典
『ようこそ！上村探偵社』
出演者：上村祐翔、宮野真守
ノンクレジットOP

文豪ストレイドッグス 第2巻
第3話、第4話収録

特典
朝霧カフカ書き下ろし小説
『学園文豪ストレイドッグス（前編）』

映像特典
『ようこそ！上村探偵社』
出演者：上村祐翔、小野賢章
ノンクレジットED

文豪ストレイドッグス 第3巻
第5話、第6話収録

映像特典
『ようこそ！上村探偵社』
出演者：上村祐翔、神谷浩史
先行PV第一弾

[今後の発売予定]

文豪ストレイドッグス 第4巻
2016.9.30 ON SALE

文豪ストレイドッグス 第5巻
2016.10.28 ON SALE

文豪ストレイドッグス 第6巻
2016.11.25 ON SALE

MUSIC

OPENING THEME
TRASH CANDY
GRANRODEO
レーベル：ランティス
【初回限定盤 (CD+DVD)】
LACM-34465／1,800円＋税
【通常盤】
LACM-14465／1,300円＋税
【アニメ盤】
LACM-14466／1,300円＋税

ENDING THEME
名前を呼ぶよ
ラックライフ
レーベル：ランティス
LACM-14469／1,300円＋税

ORIGINAL SOUNDTRACK
TVアニメ
『文豪ストレイドッグス』
オリジナルサウンドトラック
01
レーベル：ランティス
LACA-15574 / 3,000円＋税
第1期を盛り上げた劇伴＆挿入歌＋
TVサイズのOPとEDを収録した
オリジナルサウンドトラック。

DRAMA CD

DRAMA CD
オリジナルドラマCD
やや非凡なる日々
価格：2,500円＋税
原作者・朝霧カフカ書き下ろしの
脚本で描かれる、コミックス第1巻の
スピンアウトストーリー。

CHARACTER SONGS

キャラクターソング
ミニアルバム 其ノ壱
歌唱：中島 敦（CV上村祐翔）、
太宰 治（CV宮野真守）、
国木田独歩（CV細谷佳正）
レーベル：ランティス
品番：LACA-15581
価格：2,200円＋税

※絵柄はイメージです。
実際のデザインとは異なります。

キャラクターソング
ミニアルバム 其ノ弐
歌唱：江戸川乱歩（CV神谷浩史）、
宮沢賢治（CV花倉洸幸）、
谷崎潤一郎（CV豊永利行）
レーベル：ランティス
品番：LACA-15582
価格：2,200円＋税

※絵柄はイメージです。
実際のデザインとは異なります。

キャラクターソング
ミニアルバム 其ノ参
2016.10.5 ON SALE
歌唱：芥川龍之介（CV小野賢章）、
中原中也（CV谷山紀章）、
梶井基次郎（CV羽多野渉）
レーベル：ランティス
品番：LACA-15583
価格：2,200円＋税

キャラクターソングとミニドラマを収録した、アニメ版『文豪ストレイドッグス』のミニアルバム。

＊掲載の情報は2016年9月現在のものです

インタビュー集

監督：五十嵐卓哉

シリーズ構成・脚本：榎戸洋司

Igarashi Takuya
Enokido Yoji

スタッフコメント

キャストコメント

STAFF COMMENT
CAST COMMENT

原作：朝霧カフカ

漫画：春河35×

キャラクターデザイン：新井伸浩

Asagiri Kafka
Harukawa Sango
Arai Nobuhiro

音響監督：若林和弘

音楽：岩崎琢

Wakabayashi Kazuhiro
Iwasaki Taku

朝霧カフカ
原作

はじめにアニメ化の企画を耳にしたとき、どんな思いを持たれましたか？

朝霧　やっぱり、エンターテインメントを志して漫画や小説を作ってきた人間にとっては、アニメ化というのはひとつの到達点で。もう、それだけで威張れちゃう感じなんですけど、でもその反面、ここまで毎シーズン多くのアニメが発表される時代となると、ただそれだけでOKというわけにもいかなくて。なので、「どうなるのかな？」と思っていたわけですけど、スタジオがボンズさんと聞いて驚いて、同業の友人たちから羨ましがられて。しかも、そこに五十嵐卓哉監督、榎戸洋司さんというすごいお名前が上がってきたので、だんだん不安のほうが大きくなって。恐い人だったらどうしようって、外見とかインタビューをネットで検索したりしました（笑）。

「文豪ストレイドッグス」という作品は、どのように生み出されたのかというお話も伺いたいのですが、振り返って、朝霧先生はデビュー前には会社にお勤めされていたとか。

朝霧　はい。でも、物語づくりへの思いが募って、何の当てどもなく辞めまして。それから、シナリオ関係の就職活動の準備をしながら、趣味と実益を兼ねて昔からやってみたかった動画投稿をはじめました。主人公たちがいて敵がいてどんでん返しがあってという、ちょっとホラーな童話を作ったのですが、その反響が思っていたものの数十倍大きくて。当時の少年エース編集長さんとヤングエースの編集長代理の方（現・「文豪ストレイドッグス」担当編集）からご連絡をいただきました。そこから、お仕事がはじまり、ちょっと裏口入学みたいな感じで、デビューさせていただきました。

そこから「文スト」はどのように始動していったのでしょう？

朝霧　別の連載の打ち合わせをしているときに、担当さんと「文豪がイケメン化して能力バトルしたら……」という話で盛り上がりまして。「それ、面白いですね！　やりましょう！」みたいなほんと軽い気持ちではじまりました。それがこんなにも広がっていくなんて思ってもみず……。

ちなみに「文豪」に対する思いは、どんなものだったのですか？

朝霧　趣味として読んでいたという感じですね。当然、専門家でもないし、文学部出身ですらなくて理工学部だったんですけど。

「文スト」のキャラクター性の妙は、そんな距離感から生じているものなのかもしれませんね。

朝霧　直球ではない感じは、最初から目指していたことですね。というのも、ものすごく正しいものを書こうとしたら、おそらく文学部の教授みたいな人が書くのが一番正しいだろうと思うんです。でも、そうじゃなくて、僕が書くときに実現しなければいけないことって、エンターテインメント性の確立であり、正しさではなくて面白さだろう、と。で、その面白さって何かと言えば、それはやっぱりキャラクターなんですよね。文豪って、もとからキャラ立ちしている人が多いんですけど、それをさらに膨らませて捻らせて、一度見たら忘れないような濃いキャラをつくる。それが僕じゃなきゃできないことなんじゃないかと考えました。

それから小説版も書き上げ、より作品世界が強固になっていきました。

朝霧　コミックのノベライズは、いろいろなところで行なわれていますが、原作者本人がノベライズを書くというのは、なかなかないですよね（笑）。メディアに最適化した物語を、という考えの一環ではあるものの、いつも試行錯誤しながら書き上げています。何がいいかと言うと、世界観が統一できるということ。どんなに上手い方でも別の人が書いたらどこか別の作品になると思うので、キャラクターたちの知られざる一面が描かれていたとしても、どこかで「ほんとかな？」と感じてしまうようなところがあると思うんです。でも、僕が書いている分にはそれがない。それに漫画では説明できない世界設定も詰め込めますしね。軍警と市警はどう違うのかとか。横軸は漫画で広がりをもたせて、縦軸は小説で深まりを見せていく、という作り込みができたんじゃないかと思います。

その後、ドラマCDのシナリオも紡がれていますが、メディアごとの特性を踏まえて構築されているように感じます。そのような作り方も理系だからこそなのでしょうか。

朝霧　そうかもしれません。いつも頭の中に設計図をひいて、足したり引いたりしながら作るので、天才がパッと思いついて一晩で書き上げる、みたいなことはやったことがなくて。こういうメディアで、こんな分量で、読者層はこうで、発売はこの時期で……って、あんまり言うと幻滅されちゃうかもしれないのですが（笑）、理詰めの部分から入るんです。ビジュアル化して面白いものは小説で書きたくても我慢する、みたいな分配もしています。

アニメではそれらの物語が再構築されていくわけですが、シナリオ会議などで現場に触れていかがでしたか？

朝霧　原作者として質問に答えるためにいるというよりは、いちスタッフとして一緒に考えさせていただいて。チームで作っていく感じがとても楽しかったですね。

シリーズ構成の榎戸さんとは、メールな

※ニュータイプ2016年1月号、2月号、5月号掲載のインタビューを再編集しました

どでもかなり密なやりとりをされたとか。

朝霧　短時間でメールのラリーをしたり、気持ちとしては「スポ根漫画で強豪校と戦って楽しい！」みたいな感じで（笑）、すごくスリリングで価値ある体験でした。最初に上げていただいたものである意味、完成していたんですけど、さらに「文スト」らしさを拗らせて濃くしていくために欲張らせていただきました。こうすれば同じ面白さを入れられる上に時間も短くなるのでは、などと提案させていただくと、そこに榎戸さんがまた盛って返してくださって……どんどんやりとりのスピードが上がっていきましたね。「詰め将棋みたい」って榎戸さんはおっしゃっていましたけど、大変勉強になりました。

ボンズさんのスタジオに、春河35先生と訪問されたりもしたそうですね。

朝霧　もう、ドキドキでしたね。お宝の山でした。「数秒のカット袋がこんなに厚いんだ！」っていう率直な驚きもありつつ、まさにここでアニメが作られているという迫力に圧倒されました。自分ひとりの頭の中で考えていたものが漫画になり、アニメになり。たくさんの方々の手を介して世に送り出されるって、すごいことだとしみじみしました。

キャラクターたちに息を吹き込むキャストの布陣もポイントになっています。彼らが発する声を聞いたときの印象とは？

朝霧　正直、ものすごく驚かされました。最高でしたね。アニメの収録に先駆けて、ドラマCDの収録があったのですが、2日間の収録のうち初日だけ伺うつもりだったのに、感動しすぎて思わず次の日にも伺ってしまったくらいで。大スターの方々が揃ってらっしゃるので、すごく緊張もしましたけどね。もっと「ファンです！」って言えばよかったな、とあとから思ったり（笑）。原作者としては、まず、漫画の段階で春河35さんに絵にしていただいたときに、キャラクターが具現化したというひとつの喜びがあったわけですけど、そこに声とか息づかいが重なって、さらに大きくキャラクターや世界が膨らんだ感覚がありました。一番びっくりしたのが、敦です。上村祐翔さんの中島敦を聞いて、「敦がインストールされてる」と思えて。敦って深い部分があるので、僕自身もこういうキャラですって簡単には説明できないんですけど、上村さんは、その微妙なヒダの部分まで相当読み取ってくださっているのが伝わってきました。

アニメ本編のアフレコはいかがでしたか？

朝霧　何度も伺わせていただいたのですが、いやあ、ものすごく楽しかったです。まず、宮野（真守）さんと細谷（佳正）さんが、そのまんま太宰と国木田という空気でそこに立たれていて非常に感動しました。そのくらい入り込んでくださっているプロの仕事という印象を受けたんですけど、もしかしたら本当に普段のお2人があんな感じなのかもしれません（笑）。とにかく画面の中と外が一体になったような感覚を覚えました。これは漫画では表現しきれないっていう、声優さんの息づかいの魅力がたくさん入っていましたね。そしてまた、上村さんの敦が素晴らしくて。とくに、第1話のAパートの最後に上村さんがアドリブで「きょっ！」って言った瞬間は、すげえって思いました。「わっ」でも「ひぇっ」でもなく「きょっ！」って（笑）。もちろん五十嵐監督や音響監督の若林（和弘）さんの指示も的確で、もう何も言うことがなかったです。僕自身が改めて、発見するような瞬間もあって、原作者としてなんて恵まれてるんだろうと思いました。

完成した映像を見て、どんな印象を受けましたか？

朝霧　何がすごいって、僕がこの作品を作るときに一番のテーマにしていた、空気感作りが完璧だということです。面白い話、面白いキャラクター、いい絵を持ち合わせていても、空気感がなければ印象に残らない作品になってしまうと思うんです。そうならないように今まで原作を作ってきたんですけど、それが見事に……いや、見事というか異次元進化を果たしている感じで。こんなアニメいままでなかったんじゃないかと思わされる、唯一無二の空気感を作っていただけていたと思っています。

朝霧カフカ's Message

2012年、私は専業で作家という仕事を一生やっていくことを決めました。
それから4年、最高のスタッフさんと最高のファンに囲まれ、このような素晴らしいアニメを作っていただくことができました。
私はちょっと話を考えるだけが取り柄の、ぽっと出のひよっ子作家です。その私の作品がこれほどまでに素晴らしいアニメとなって世に出るということが作家として、それ以上に働く人としてどれほどの幸運であり幸福か、アニメを見た皆さんなら容易に想像していただけると思います。
世界にいくつもない幸福をありがとうございました。また第2クールでお会いしましょう。

Asagiri Kafka

シナリオライター、小説家。テーブルトークRPGのリプレイ風動画で人気を博し、ヤングエース2013年1月号スタートの「文豪ストレイドッグス」で商業デビュー。
ほか漫画原作者として、「水瀬陽夢と本当はこわいクトゥルフ神話」「汐ノ宮綾音は間違えない。」も手掛ける

春河35 漫画 × 新井伸浩 キャラクターデザイン

お2人はアニメ「文豪ストレイドッグス」の制作が始動したとき、どのような思いだったのでしょう？

春河　はじめは全然、実感がなかったんですけど、PVを見たときに一気に込み上げてきたものがありました。

新井　僕の場合、この作品に関わることになったのはコンペを経てのことだったんですが、女性に人気の作品ということでチャレンジの気持ちで臨みました。実は知り合いから「わりと絵柄が似てる」と言われたこともあったので、ならば合うといいなって思いました。

ボンズさんで、五十嵐卓哉監督と脚本・榎戸洋司さんのタッグでという布陣については？

春河　「セーラームーン」であったり、小さい頃に見ていた作品にも参加されていた方々なので、まず畏れ多かったです。会議とかで「こんな青二才が何を言うんだ」とか言われちゃったらどうしようと正直ビクビクしてたんですが、お会いしてみたら、お2人ともすごくフランクで優しくて……。あとは、ボンズさんというのも大きくて、こんなすごいスタジオが!?って。絵を描く人間としては、ボンズさんのクオリティで映像化していただけることは大変名誉なことです。

新井　僕も五十嵐監督と榎戸さんの作品というのは緊張でしたね。これまでお2人と組まれてきたキャラデザの方々もすごい方ばかりなので。現場では監督とお話させていただくことが多いんですけど、そこで交わす言葉に仕事への姿勢などが見えて、影響受けています。よく監督がおっしゃるのが「一番大事なのは、考えること。考えることをやめたら終わり」ということ。これは自分にも言い聞かせています。

新井さんは原作を読んで、どのような感想をもちましたか？

新井　女性に人気というのを事前に聞いていたので、男の僕が読んでわかるものなのかと少し心配していたんですけど、読んでみたら男女関係なく面白くて読みやすくて。敵対する者同士の関係性だったり、男も好きな熱い展開になってくるのがいいですよね。あとはもちろん、自分が設定に起こしていくことになるわけなので、どう描いていったらいいかなっていうところも確認していって。見れば見るほど、すごく上手くキャラメイクされているなと感じました。「棺姫のチャイカ」キャラクター原案のなまにくATKさんがおっしゃっていたことなんですけど、「ひと言でいえる特徴を持っていないキャラクターは、まだ練りが甘い」と。そういう意味では、「文豪ストレイドックス」のキャラクターはまさにそのような特徴づけがされているので、すごい描き手さんたちの考えることというのは、どこか共通しているものなのかと思いましたね。

原作のキャラクター造形はどのように生まれていったのでしょう？

春河　「最初にこんな感じかな？」というラフを出したのですが、その方向性でOK、というお話だったので、そこからさらにブラッシュアップさせていった感じです。初期のキャラはわりとすんなりOKをいただけたので、そんなに苦戦はしなかったですね。最初のラフと最終設定のあいだで変わっていった部分は、たとえば、賢治の田舎っぽさをより膨らませたりしたところとか。あと、太宰の髪の毛が伸びたりとか。といっても、コミックス1巻の頃から現在に至るまでのあいだにも、小さなニュアンスはどんどん変わってきているんですけどね。こだわったのは、白と黒の分量です。漫画にしたときに映えるように描いていったので、たとえば、このキャラとこのキャラはよく同じコマに入るなと思ったら、ひとりが白の多いキャラなら、もうひとりは黒を基調にしたり、コントラストをつけて描いていきました。

新井　五十嵐監督経由で、春河さんがシルエットをすごく気にされてつくられていると聞いたのですが、そのあたりもなるほど、と思って。

春河　たしかに、メインキャラは全員真っ黒に塗りつぶしても誰が誰だかわかるようにしているんです。なるべく情報をそぎ落として、それでも覚えてもらえるようなキャラクター像にしたいなと、最初のほうは特に気をつけていました。敦とか太宰さんとか探偵社のみんなは、毎回たくさん描いていかなければならないので、そういう意味でも情報を簡略化しないとって考えて……。最近はキャラクターも増えて、ちょっとごちゃごちゃした要素も入ってきちゃってるんですけど。

新井　見れば見るほど思うんですけど、やっぱり絵には「本人力」ってありますよね。オリジナルの力。どんなに頑張って描いても、ご本人の絵の艶には敵わないんですよ。アニメの作画は、近づけないけど近づきたい、その高みを目指していく作業ですね。

アニメのキャラクターデザインでこだわられたポイントは？

新井　監督から言われたのは、原作に描かれているそれぞれのキャラシルエットを際立たせること。その上で、色気のあ

※ニュータイプ2016年3月号、5月号掲載のインタビューを再編集しました

春河35
「文豪ストレイドッグス」キャラクター初期設定

るキャラクターにしたいなと思いました。あと線の量ですかね。漫画では必要なパーツも、アニメでカラーになったり動かしたりすると整理できる部分もあるので、一本でも線を減らして、再構築していきました。アクションも多いですし、シーズンを通してしっかり動かしていくためのデザインですね。

春河　自分の絵が分析されて描き起こされていくのは気恥ずかしくて独特の感覚でしたが、あがってきたものを拝見して、自分の絵柄ってこんなにも似せられるんだって思いました。私の漫画って線が多いので、それを減らしながら寄せるのは、すごく大変だったんじゃないでしょうか。私、襟の描き方にすごくクセがあって、本来そんなに立たないものも、見た目が綺麗に見えるので立てているのですが、そういった細かいところも押さえてくださって感動しました。

新井　襟はたしかに注意して描きました。リアルな襟じゃないんですけど、シルエットが美しい。それと瞳の形が丸じゃなくてエッジが効いているところも面白いと思いました。原作のコミックスにもキャラの目の描写がずらっと並んでいるページがあったので、やっぱり目は重要だよなあ、と。あ、あと、なびいているカットも多いですよね。

春河　そのご指摘はすごく嬉しいです。かなり意識して入れているので。

新井　なびきものがあるとすごく華やかになりますね。アクションシーンも、なびきの要素あったからこそ、すごく格好いいものになりました。それから、ギャグ表現にも、かなり踏み込んでいってい

春河35が連載スタート時、アシスタントにトーンの配分などを伝えるために作ったもの。現在に至るまでのあいだで、キャラクターの小さなニュアンスは変わってきていると本人も語っている

るのではと思います。原作にあるニュアンスなんですけど、アニメではそこにさらに五十嵐監督のニュアンスも盛り込まれていきます。

春河　コンテに描かれているアレですね。

新井　第1、2話は五十嵐監督がコンテを描いているので、そこに描き込まれているままの表情を雛形にしていこう、という感じですね。そのシーン、その呼吸に合った顔というのが、そこにすでにあるのだから、と。なので、テンポ感も含め、アニメならでは、五十嵐監督ならではのものになったと思います。

制作の中で、グッときた瞬間といえば？

新井　主人公の声がずっと気になっていたので、敦の声を聞いたときには感激しました。情けなさそうだけど、芯があって、ぴったりでした。声を聞くと絵のイメージもより具体的に膨らんでいくんですよね。あと声でいえば、ナオミの声が自分が想像してたのとは違ってハッとさせられたり。

春河　思ったより幼いイメージですか？

新井　色っぽい印象でいたんですけど、違う側に振れていたので、そうかこっちか、と。なので、これも以降の表情づくりに影響していきましたね。

春河　私はやっぱり最初のＰＶの衝撃が大きかったですね。アニメ化ってこんな感じ？と想定していたラインの遥か上をいくものだったので、めちゃくちゃびっくりしました。自分のデザインしたキャラクターが動いて話して、というのを見ると、生命が宿ったような感覚で感動しました。

ところで、お互いに質問したいことはありますか？

新井　影響を受けた漫画家さんとかイラストレーターさんっていらっしゃるんですか？　できれば、僕も参考にさせていただきたくて。

春河　これを言ったら「あ〜」ってなるだけだと思うので、恥ずかしいんですけど、ゲーム「ペルソナ」シリーズのキャラクターデザインをされている副島成記先生ですね。ものすごく影響を受けているので、それに尽きますかね。

新井　あ〜（笑）！　すごく納得です。それは聞けてよかったです。漫画家さんではいらっしゃらないんですか？

春河　こちらは全然似てないんですけど、小畑健先生でしょうか。まだ漫画を描いてないころに小畑先生の絵を模写していた時期があったので、髪の毛の描き方とか、もしかしたら面影があるかもしれません。

新井　なるほどですね。いや、こういう話は楽しいですね。

春河　私からお伺いしたいことは、絵を似せるコツって何かあるのでしょうか？　ということです。

新井　僕の場合、めちゃくちゃ見るってことですね。元の絵をすごく見る。たとえば、目の中の角の数とかも数えるし、髪の毛の本数も数える。

春河　えー！　かなり理詰めでいくんですね。

新井　キャラを掴むまでの最初だけですけどね。それで、一番似てるなっていう黄金律を見つけるんです。何となく描くんじゃなくて、数えながら描く。その細かい作業の繰り返しで、近づけていく。だから、コツっていうのはないんです。何かの作品をやっている期間というのは、そのオリジナルの絵こそが頂点なので、そこを目指していくのみですね。だから、逆に僕は自分の絵というのは持っていない、という感覚なんですよ。ただ、そうやって先生の絵を目指して頑張っていても、こぼれてしまうような何かがあるとしたら、そこが僕の個性なのかもしれません。

春河　私、自分の絵は、そんなに取っつきやすいものではないとも思っているので、むしろ取っつきやすい絵にしていただけたらいいなあ、と考えていました。そうやって原作を実力ある方々に再構成していただくのは光栄です。

新井　でも、やっぱり原作とあまりに違う絵になっちゃったら、僕も嫌だし、ファンの皆さんも嫌だと思うんです。なので、足を引っ張らないように引き続き、気を引き締めていこうと思います。

新井伸浩がアニメのキャラクターデザインと共に描き起こした注意書き。瞳の形や目の周りの影の入れ方、男性・女性の手の描写の違いなど、細かく指定されている

Harukawa Sango

漫画家、イラストレーター。ヤングエース2013年1月号にてスタートした「文豪ストレイドッグス」の作画担当として漫画家デビュー。イラストレーターとしても活動しており、代表作に「ソラの星」など

Arai Nobuhiro

アニメーター。「棺姫のチャイカ」（2014）で初めてキャラクターデザインを務める。ほか作画監督として、「アマガミSS+ Plus」（2012）、「絶園のテンペスト」（2012）、「SHOW BY ROCK!!」（2015）などに携わる

文豪ストレイドッグス
アニメ1クール目
ありがとうございました。
毎週水曜日を励みに過ごす日々でした。
2クール目も今から楽しみに致しております。
春河

五十嵐卓哉

監督

第1クールを駆け抜けての感慨は?

五十嵐　第12話以降も引き続き制作は続いていますから、感慨にひたっている暇はなかなかないですねえ。気を抜くのが怖くて(笑)。ただ、放送が進むにつれて、作品の反響だったり皆さんの声だったりが現場に届くことによって、それがスタッフの励みになり、作品を作るモチベーションにもなりました。それが一番ありがたかったです。

アニメ「文豪ストレイドックス」の制作が進んでいった経緯は?

五十嵐　まず、(ボンズの)南(雅彦)社長と鈴木(麻里)プロデューサーから話を頂きました。原作を読んでみて構成は榎戸(洋司)さんにお願いしたいと思ったのですが「原作モノを榎戸さんがやると言ってくれるか?」という不安もあったのですが、鈴木プロデューサーの熱意が伝わったようで(笑)。引き受けていただき、この作品が動き出しました。

シリーズ構成はどのように固まっていきましたか?

五十嵐　朝霞(カフカ)先生が毎回シナリオ会議に参加してくれたことが作品にとってとても大きかったと思います。その場で意見交換ができることで文字のやりとりだけでなくお互いの思いも伝わる……。スケジュールの確保が作品のクオリティに直結しますから、朝霧先生が打合せの場にいてくれたお陰で時間が短縮され、現場で実現可能な手札が増えた。それが作品全体の構成の幅を更に広げたと思います。

キャラクターや美術など、画づくりに関して指針はどんなものでしたか?

五十嵐　この作品をアニメ化してみたいと思った理由のひとつが春河(３５)先生の描かれる絵です。ディテールではなくシルエットで構成されているキャラがアニメに向いていると思ったからです。その絵をキャラクターデザインの新井(伸浩)さんが見事にアニメの設定として昇華してくれたと思っています。キャラクターデザインの新井さんと共に世界を造る双璧を担ってくれているのが美術監督の近藤(由美子)さんです。「極端な色味に振りたい」僕からお願いしたのはそれくらいで、あとは近藤さんのセンスですね。お願いしてよかったと思っています。

そのほか、制作過程で手応えを感じたのは、例えばどんな瞬間でしたか?

五十嵐　やはり第1話が出来上がったときですかね。各セクションのスタッフと同じビジョンが見えていると確認できた瞬間でした。

第1クールの流れをあらためて追っていくと、第6、7話での展開がとても効いていますね。

五十嵐　アニメ版としての構成の仕掛けが初めて入ってくるところですね。そこまでは、敦という主人公の在り方と探偵社の空気感を作品の中に浸透させていくことに重点をおいていたんですけど、ここで太宰と国木田もしっかり描くことで、敦を含めた3人の関係と、今後のそれぞれの行動理由が伝わりやすくなっていく……。それが一番の狙いでした。

ここは監督がコンテも切られていて。ハードボイルドな雰囲気に寄せて、国木田メインのエピソードが描かれています。

五十嵐　〝小説版にある雰囲気を踏襲したい〟という想いがありました。国木田独歩という男は、真面目で探偵社の中では比較的まともに見えるんだけど、実は……というエピソードになっています。このタイミングで国木田の持つ信念や理想……生きる指針などを見せることによって、その後の国木田の言動に大きな説得力が生まれてきます。

このエピソードがあることで、そんな国木田が敦を認めていく過程もよりはっきり見えてきます。

五十嵐　国木田の中で、敦を一人前の探偵社員だと認めるラインというのは〝自分のケツを自分で拭けるか?〟ということなんだと思うんです。つまり自分の言ったことに責任をとる覚悟があるか……ということです。国木田の庇護から離れ、自分の意志で動き始めた敦は国木田の中で「小僧」という不特定多数の存在から「敦」というひとりの人格として認められたのだと思います。

第10話では敦と芥川の対峙もありました。太宰を介しての敦、芥川の関係性には、どのような思いがありますか?

五十嵐　敦と芥川に関しては、「白と黒」、「生と死」の様な相反する存在として描いてきた2人が正面から対峙する第10話までたどり着いたときに、どういうことが起こるかというと……〝実はこの2人は同じだ〟ということが見えてきます。それまでは、太宰を中心に真逆を向いていたように見えていた2人ですが、実は同じ方向に同じ速度で伸びている。俗に言う「同族嫌悪」っていうヤツですよね。その2つは永遠に交わらない平行線で、第10話というのはその2つが究極に近づく瞬間を描いています。

では、そんな2人の間にいる太宰のことはどのように捉えていますか?

五十嵐　正直、僕の想像力では、太宰の聡明さにはちょっと追いつけていないというか(笑)。だから、逆に敦と芥川を通して見ていくことによって、太宰治とはこういう男なんじゃないか?とおぼろげながら掴めてきた……というようなところがあります。ただ、ひとつだけ言えるのは、太宰治にとっての「正義」は、みんなが思っている「正義」とはまったく違うのではないか、ということですね。例えば、彼にとっての道徳心みたいなものが仮に存在するのだとして、それは彼の物差しで測った道徳心であって、おそらく常人から見ると、もはや道徳ですらない代物なんだろうな、とか……そんなことを考えているわけです。

●監督が感じる太宰の魅力とは？

五十嵐　太宰って、「状況」や「思想」みたいなものには意見しますが、特定の「人」に対して意見することが殆どありません。でも、ごくごく希に自分の意見を特定の個人に言うことがあって、それがその相手の心に響くというか胸をエグるんですよね。他人との距離感を簡単にキャンセルして懐に入り込めるミステリアスさと人懐っこささを同時に持ち合わせていたり、かと思えば、相手をまったく寄せ付けない一面もあったりと。そんなところが魅力なんじゃないでしょうか。そんな太宰の異能力が「人間失格」という相手の持っている能力を全てキャンセルする力だということの意味って深いなあって(笑)。「相手の力を無効化できるけど、相手を倒す力ではない」というね。そう考えるととても面白い……太宰の片鱗が少しだけ見えたのかなと思えるとちょっと嬉しくなります(笑)。

●今回キャスト陣は、どのように決定していったのでしょう？

五十嵐　ほとんどオーディションで選出させていただきました。それが想像以上に機能して、結果的にもすばらしい布陣だったと思います。例えば、上村(祐翔)くん、宮野(真守)くん、細谷(佳正)くんのやりとりには、彼らが持っているパーソナルなニュアンスも滲んでいて、こちらが求めている以上の関係性が構築されて画面に出ていると感じられます。毎回スタジオ中でそれらが存分に共鳴していますよ。彼らを選んでよかったなと、噛みしめながらアフレコを進めていきました。

●今回、主人公役への抜擢となった上村祐翔さんの頑張りはいかがでしたか？

五十嵐　上村くんは、元々芝居のポテンシャルがものすごく高いんです。だから、今まで主役をやってなかったというのが不思議なくらい。ただ、今回の敦役に対しては、そのポテンシャルで選んだわけではなくて、芝居の練習ではおそらく得られない声のニュアンスに惹かれて選びました。嫌みのない真直ぐな〝ヘタレ感〟というのかな、そこに中島敦と上村祐翔の合致を見出したわけです。なので、中島敦のことだけを考えるなら、上村くん以外はあり得なかった……ということですね(笑)。

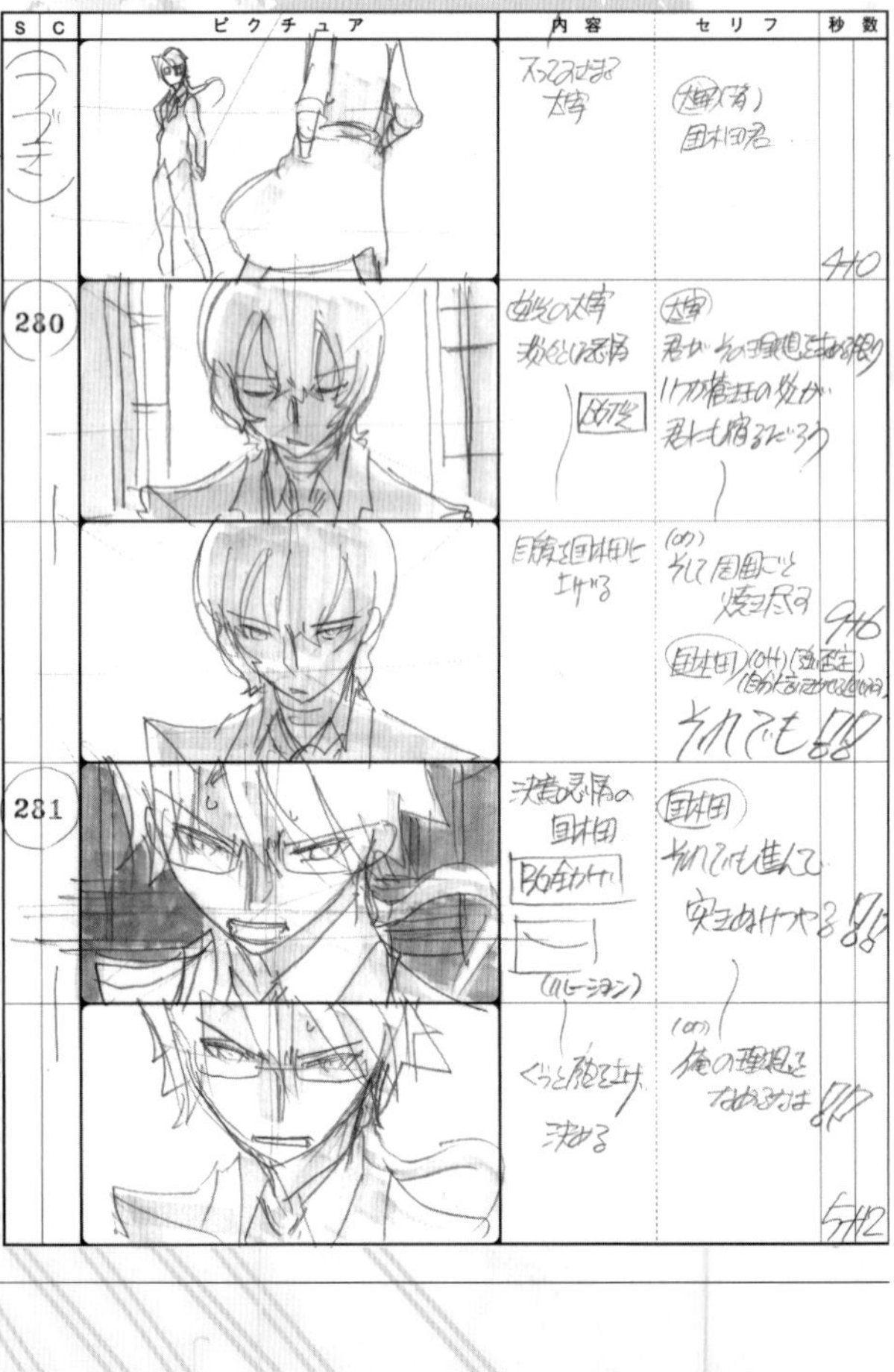

●上村さんへオーダーしたことは？

五十嵐　「持ちもの」で選んでいるわけですから声をつくる必要はないという話はしましたかね。芝居の部分は現場のディレクションでつくっていくものだと思っていましたし、それに順応する能力は元々あると思っていました。本人は不安そうでしたが(笑)。

●一方で、宮野真守さんの表現された太宰治も、作品の色を決定づけていました。

五十嵐　太宰の持っている飄々としてニュートラルな雰囲気というのに、宮野くんの持っている雰囲気がとてもよく合いましたね。彼とは長い付き合いだし、すっごくくだらない雑談から真面目な作品の話までいろいろするんですけど、実は現在の役に対しては、あんまり直接的な話はしないんですよね。おしゃべりしている間になんとなく「あ、宮野くん、今、こういうことを知りたいんだろうな」って感じることもあるんですけど、そこの部分はあえてはぐらかしますね(笑)。「うーん、どうなんだろうねー」って。ただ、あともう少しで完全にハマる、みたいな局面では、ちょっとつっついたりもしますね(笑)。すると彼は自分

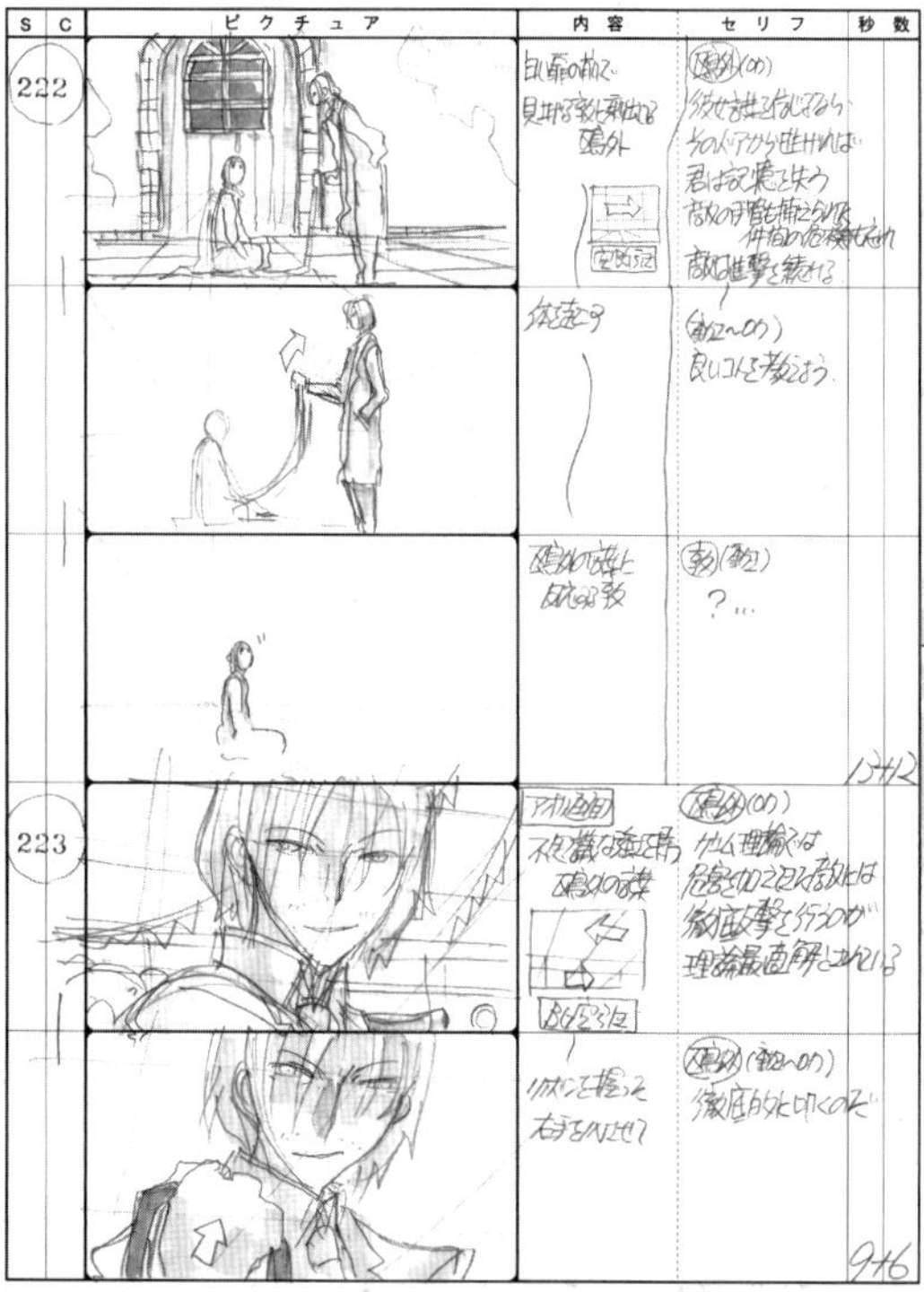

の解釈も含めて膨らませて表現するというおまけをつけてくれます。そこがとても良い（笑）。

あうんの呼吸を感じるやりとりですね。

五十嵐　あうんの呼吸かどうかはわかりませんが（笑）、宮野くんは僕に限らずそうやって「監督が言ってることって、どういうことなんだ？」と考える訓練を、ずっとしてきたんだと思います。だから、全然関係のない話の端々から何かを汲みとるようなことができるんでしょうね。

そのほかも、そうそうたるメンバーが揃ったキャスト陣になりました。

五十嵐　キャストさんを選んでいくときに大事にしているのは、何人ものキャラクターが集まったときにも、ちゃんと判別できるような配置バランスでなければならない……ということです。となると、当然主役である「中島敦」を決めて、後はそこからの逆算になる訳ですが、主旋律で考えるならそこに「芥川」と「太宰」が入り、更に探偵社やポートマフィアの人たち、そしてギルド勢が加わって……全体がきれいな音楽のようになる現場が僕の理想です。今回もそれができる方たちが集まってくれました。

オーケストラの指揮者として、現場に若林（和弘）音響監督がいる、というのも大きいのでしょうね。

五十嵐　それは相当大きい存在です。いてくれないと困る（笑）。若林さんも僕と同じで「役者同志の奏でるハーモニー」を大事にされる方なので、〝アフレコ時の別録りは基本やらない〟というスタンスでお互い了解しています。演じるほうもディレクションするほうも、どんなに合わせたつもりでいても同録したときの現場にあるムード以上にはなりません。なので、「一緒のスケジュールで収録できる人」というのもキャストを選ぶ際の条件でした。ですから、今回のキャストの方々のスケジュールがクリアになり、同じ現場で全員がそろってアフレコできるというのが現実的に奇跡に近いということは僕にもわかります（笑）。このあたりが実現したのも役者さんとの信頼関係を確実に築かれている若林さんのおかげにほかならないと思いますよ。

あらためて振り返って、第1クールで達成できたこととは？

五十嵐　第1クールで制作された12本全てが僕が想像していた以上の作品になっていると感じます。それがひとつの大きな達成感としてありますね。それって当たり前のようでいて、制作スケジュールを考えるととても難しいことなんです。各セクションの皆さんに本当に感謝するばかりですね。これぱっかりは、各々が考えて行動し作品に対しての「最適解」を捻り出してくれなければ、到底たどり着ける結果ではありませんから。

第1クール最終話の第12話では第2クールへの予感が漂っていましたね。

五十嵐　アニメ版のちょうど折り返し地点ですからね。北米の異能力者集団「組合（ギルド）」の団長が現れたり、森鴎外が現れたりと、いろいろなものを詰め込んでみました。敦と森鴎外の関係性というのもポイントになっています。例えば、途中、ルーシーの異能力空間から逃げ出そうとした敦を鴎外が止めたシーンがあります。あのとき鴎外は敦の首に絡まるリボンを引っ張って止めた。つまり〝首輪〟です。鴎外が問うているのは〝何も考えず人に頼って生きるか〟それとも〝自分で考え答えを出して生きるか〟ということです。結果は後者を選択した敦は〝野良犬〟として解き放たれる……。そんなエピソードを踏まえると、鴎外というのは人間に興味があるんだろうな、という気がしてきますよね。敵であろうが味方であろうが関係なくて、むしろ自分の前に立ちはだかる敵は巨大であればあるほど潰し甲斐があると考えている。そこが鴎外の最後のセリフに繋がるんだろうなという気がしています。

第12話最後の「続く」という文字がものすごく力強くて印象的でした。

五十嵐　予告映像がないので「続く」っていっとかないとマズいんじゃないかと（笑）。そして、その言葉の通り、第2クールへ続いていきます。ついに森鴎外というポートマフィアのボスが出てきたわけですが、そのことがこれからの展開で効果的に働いてくると思いますので、その幕開けを楽しみにお待ちいただければ幸いです。

Igarashi Takuya

アニメーション監督。監督として手掛けた主な作品は、「桜蘭高校ホスト部」（2006）、「ソウルイーター」（2008）、「STAR DRIVER 輝きのタクト」（2010）、「キャプテン・アース」（2014）ほか

榎戸洋司

シリーズ構成・脚本

今作の制作は、どのように始まっていったのでしょう？

榎戸　思い起こせば、この作品の話が出る前、五十嵐(卓哉)監督と仕事とは関係なく飲みに行ったときに、2連続でオリジナル作品をやったから、次はそろそろ原作ものだよね、なんて話をしたような記憶があります。鈴木(麻里)プロデューサーからお話をいただいたときは、不勉強なことに僕は原作を未読だったし、参加するかどうかまだ決めてなかったんだけど、とりあえず客観的に、この企画はいけそうな気がしました。だって、企画を説明する鈴木Pの、いきなり「私、福沢諭吉というキャラが好きなんです」と語りだす熱量がものすごかったから(笑)。ああ、とりあえずこの言葉と熱量には何の嘘もないな、と妙に納得しました。それから原作を読ませていただいて正式に参加を決めました。

原作に感じた魅力とは？

榎戸　ここ10年くらい、ひとつのトレンドに「擬人化」というものがあるじゃないですか。駅とか国、戦艦、あるいは怪獣に至るまで、いろんなものが美少年や美少女に擬人化されていく。それはもう、ひとつの様式として定着しているんだけど、じゃあ、まだ誰も手をつけていないジャンルはないかな、というのは、この業界に関わっている人間だったら、一度は考えたことはあると思うんです。そんな中で「文スト」に出会って、なんて画期的なんだと思いました。芥川龍之介か太宰治という名のキャラクターが登場するんだけど、彼らは実在した作家の芥川先生や太宰先生をコミカライズしたわけではなくて、芥川龍之介や太宰治という存在そのものを擬人化しているんですからね。人間を擬人化というのは盲点でした。あとは、話の構造も僕の好きな感じでした。「一杯の茶漬け」からはじまる物語というところにも朝霧(カフカ)先生のサービス精神とか芸人魂をすごく感じて。

ちなみに、モチーフになっている文豪たちへの思い入れはありますか？

榎戸　ほぼ全作読んでいる作家さんもいれば、代表作しか読んでいない作家さんもいるし、まあ、いろいろなんですけど、この作品を引き受けると決めた時点で、誰のファンであるかは死ぬまで口にしてはいけないんだろうな、と覚悟しました。実在の作家と作中のキャラは違うとはいえ、僕の好みで誰かを贔屓してはいけないので……そう、僕はどの文豪もみんな大好きです(笑)。

始動するにあたって、原作の朝霧カフカ先生、春河35先生とはどのようなお話を？

榎戸　原作のある作品を手がける、しかもまだ連載中の作品である場合、まず気になるのは、原作の先生とうまくやっていけるか、ということなんですよね。なので、まず、原作者の先生方と会わせていただいたんです。KADOKAWAさんの会議室で五十嵐監督と一緒にお2人にご挨拶させていただいて……こんな言い方は失礼なのかもしれませんが、2人とも一目で気に入ってしまいました(笑)。「あ、一緒に仕事するの、楽しそうだな」と。どんな方々なんだろうって、いろいろと想像が膨らんでいたんですけど、お会いしてみれば、朝霧先生はイケメンのエリートビジネスマン、35先生は避暑地にいる深窓のお嬢様、みたいな雰囲気で。そのあとの食事会では、すぐにうち解けて、4人で鍋をつつきながらキャラの話で盛り上がったのを憶えています。

シリーズ構成は、どのように構築していったのでしょう？

榎戸　原作もののシリーズ構成というのは、基本的にはパッケージデザインのような仕事だと考えています。初見の方にも入りやすく、原作ファンの皆さんに納得してもらえるサプライズやアレンジをどの程度入れるか、この線は越えていい線かどうか、というのを24時間常に考え続けていく作業になるわけです。まず最初の課題は2クール全24話の中で、原作のどこまでを描くか、ということでしたね。で、こんな感じかな、という構成案を最初に7案くらい作ってみたんですが……。

7案も。

榎戸　会議の前に鈴木Pにも「ちょっと多いです」と言われました(笑)。そんなにあっても、皆さん選べないかもって。そりゃそうだよな、ということで、とりあえずA案、B案の2つにまとめてみました。でも、僕の中では、まだこれが決定打だという感じはなかったんですね。そしたら会議の前日にふっと電波が下りてきまして……ちょっと過激なC案というのを思いついたんです。一度思いついてみると、もうC案以外にありえないと思えたんだけど、みんなの意見を聞いてみないと、ということで、A案、B案にC案も交えたものを会議に持ち込んだんです。そして、いざ会議が始まったら、朝霧先生が瞬時に「C案ですね」と仰ってくれて。ああ、文豪の神様が下りてきている、と思いました(笑)。

各話シナリオの制作過程では、朝霧先生とどんなやりとりがあったのでしょう？

榎戸　それはもう刺激的に楽しかったです(笑)。基本は原作通りなんですが、途中でアレンジした話数もあって。アレンジした脚本は、当然、朝霧先生にもチェックしていただくんですが、こんなにアレンジされては困ります、と言われるのも覚悟しつつ、恐る恐る提出するわけです。だけど朝霧先生の面白いところは、

※ニュータイプ2016年5月号掲載のインタビューを再編集しました

「そう変えるんだったら、ここも変えましょう」とさらに乗っかってきてくださって。すると僕も、「いいですね、でもそこも変えるなら、さらにこっちも変えたほうが面白くないですか」と返してしまう。ならば、さらにこれはどうか、みたいな感じで、改稿脚本のメールのラリーを2人で数十分ごとに何通も重ねて、それで脚本が5稿6稿7稿……と次々とリライトされていったんですけど、途中で鈴木Pから電話がかかってきて、「あの……監督という人もいることを忘れないでください」と言われてしまった。それを聞いてハッと我に返り、しまったあ、と(笑)。なんか楽しくなっちゃって、どんどん熱くなってしまったんですよね。

キャラクターたちの言葉遣いのチェックも細かく入っているとか。

榎戸　そうですね、特に芥川龍之介の言葉遣いはかなり独特なので、朝霧先生のチェックなしには書けないです。シナリオ会議のときにいつも目の前に先生がいてくださって、とても助かりました。普通だったら原作の担当編集の方が一旦持ち帰ってからの返答になるところをダイレクトにやりとりさせていただけて、贅沢でしたね。

五十嵐監督とタッグを重ねられてきて、あらためてリスペクトしている点は？

榎戸　五十嵐監督がいるとプロジェクトに安心感があるんです。それはなぜだろう、と考えてみたんですけど、たぶん五十嵐監督って器用なんですよ。どんなボールでもカーンと打ってヒットさせることができる。で、その器用さの根底にあるのは、実は直感力なんじゃないかって「文スト」をやっていて気づきました。作品をアニメ化するとき、こうかなこうかなってラフスケッチを直しながら少しずつ完成型に近づけていく方も多いと思うんですけど、五十嵐監督の場合は、だいたいこの辺に落ちるよねっていう着地点が感覚的に最初から見えるんだと思うんです。そこにたどり着くまでの試行錯誤はあるんだけど、着地点自体は終始ブレない。だから、五十嵐監督との仕事には結果的に無駄な作業がほぼないんですよね。

お2人が手がけてきた作品にはいつも青春が描かれてきましたが、今作は？

榎戸　もちろん青春だと思っています。物語開始時の敦のポジションも、なかなか現代的な若者感がありますからね。友達がいない！　仕事がない！　家がない！　どうする、俺!?みたいな。太宰と出会う河川敷のあの雰囲気にも10代の後半の行き詰り感が出ていて、とてもいい。誰もが一度はここを通過するよねっていう。考えてみると、河川敷というのは、メタファーとしても相当意味深いものがありますよね。これが海だと開放的だったり、癒やしに繋がっていくんですけど、川はね、どこかからどこかへ一方通行に流れていくので時間の流れそのものみたいなんですよね。だから、黄泉の国のような異世界を連想させるのだろうし、「桃太郎」のように物語のはじまりをもたらすのだと思います。少なくとも日本では、ね。

榎戸洋司's After Comment

Q　第1クールまで放送が終了し、映像になって改めて感じた本作の魅力は？

音楽、背景美術、キャラクターデザイン、
演出がすごくレベルの高い次元で調和していると思います。
スタッフみんなが、同じ星を見ている。
しかもそれは、世間ではまだ知られていない星。
なんかそんな感じです。

Q　映像になったことで、脚本を書いたときとはまた違った一面を感じたことは？

原作を先に読んでいるか、アニメで初めて作品に触れるかで、
視聴者の方の感じ方が大きく変わってしまうのは、原作ものの常です。
あるいは原作を既読の方は、アニメを見て、「イメージと声が違う」と感じる
キャラがいるかもしれません。
ただ、脚本家的には、今回のキャストは
(すべて監督にお任せだったのですが)、まったくイメージ通りでした。
僕が1人だけ推したキャストも、予想以上にハマリ役で、いい感じです。
それが誰かは秘密ですが(ニヤリ)。

Q　ファンへのメッセージを。

『文豪ストレイドッグス』は、基本的には救済の連鎖を
描く作品だと解釈しています。
子供が大人になる過程を描くのが〝物語〟。
予定していた物語から踏み外した人生を送る大人を救うのが〝文学〟。
誰が誰をどのように救うのか？
なぜ彼はその人を救うのか？
救われた者は、その後、どう生きていくのか？
そもそも、この作品における救いとは何なのか？
第1クールは、その真の主題が描かれる第13話以降の為の、序章です。
適度に(適度かな？)サプライズの仕掛けられた第2クールもよろしく。

Enokido Yoji

脚本家。五十嵐卓哉監督作品の「桜蘭高校ホスト部」(2006)、「STAR DRIVER 輝きのタクト」(2010)、「キャプテン・アース」(2014)でシリーズ構成・全話脚本を務める。ほか「美少女戦士セーラームーンSuperS」(1995)、「少女革命ウテナ」(1997)のシリーズ構成・脚本も担当

若林和弘

音響監督

「桜蘭高校ホスト部」以来、五十嵐卓哉監督とタッグを組み続けている若林さんですが、第1クールの現場はいかがでしたか？

若林　劇場版と変わらないくらいのクオリティを目指しつつ、TVシリーズのスケジュールでやるわけなので大変なことになるに決まっているのですが(笑)、とにかく粘りに粘って、アフレコやダビングを進めました。

初主演作となる敦役の上村祐翔さんは、そんな現場をどのように乗り越えていますか？

若林　収録前に読み合わせをしたり、事前の準備もしっかりしていただきましたが、敦の成長同様、話数を進めるごとにすごく成長されたと思います。本人のキャパシティが大きくなっているのを感じますし、この先まだまだ化けるだろうと期待しています。敦と一緒にもっと強くなっていただきたいですね。

太宰治役の宮野真守さんの芝居も印象的です。

若林　読み合わせの段階で監督から伝えられたことを確実に芝居に昇華させていますね。監督の構想は全体の流れを踏まえたものです。第10話の回想シーンで出てきた16歳の太宰よりも、現在の20代前半の太宰のほうが生き生きしていたり、時間軸を交錯させたときの緩急もポイントです。

アドリブも飛び交っていますね。

若林　宮野くんをはじめ、ウケればOK、ウケなくてもまあいっか、という軽妙なスタンスでサラッと入れてくるんです。最終的には監督がクスッと笑えばよし、みたいな。キャストさんたちもどこか監督に試されているような感覚で、毎回収録を楽しみにしているんじゃないかと思います。

そのほか、「文スト」の現場ならではの特徴とは？

若林　文豪をモチーフにした作品の特性上、セリフの言葉遣いも独特なものがあるので、それをどう音として定着させるかが重要ですね。基本的には原作に忠実に、それぞれのキャラの言葉遣いをそのまま使っているのですが、そうすると映像のテンポに合わないという障害も発生することもあります。そういう制約の中で調整しているのですが、それが結局、作品のカラーになっているのでは、と思います。

一方、劇伴に関して、音楽の岩崎琢さんへ出されたオーダーシートの時点で、かなり細かく書き込みされているんですね。

若林　より前向きに作品世界に入っていただけるように、それぞれの作家さんに合わせた資料を用意しています。シリアス度や編成の厚さなどを数値化してほしいという方もいれば、抽象的な言葉を選んで説明したほうが伝わりやすい方などいろいろですが、とにかくイマジネーションの助けに少しでもなれれば、と。

今回の音楽のポイントはどういったところでしょう？

若林　平成28年っぽいというか、岩崎さんだから実現できる「今」を感じるところではないでしょうか。文豪の名をもつキャラクターということで少し昭和感を出したい場面もあるので、そのあたりは調整していますが、最終的にはやはり現代性がポイントになっています。

五十嵐監督と現場を重ねていくことの刺激とは？

若林　五十嵐監督は僕がこれまでに関わってきた監督の中でも、群を抜いて作品愛の強い人だと思っています。こんなに強い人、他にいない。他の監督だと「ここだけは」というようなポイントがあるものなんですけど、五十嵐監督の場合「全部」なんですよね。すべてに対して熱くて濃い。だから、五十嵐監督のことは大好きですけど、五十嵐監督の現場に臨むときの気分といったら、複雑ですよ。

これから高い壁を乗り越えなければいけないんだ、という。

若林　壁ならいいけど、もうこちら側に反っちゃってるみたいな崖なので(笑)。そりゃ覚悟はいります。そのあたり、若いスタッフにはツッコみにくい部分だと思うので、五十嵐監督がやり過ぎているようなときに遠慮なくツッコむのも僕の役目ですね。ま、ツッコんだところで、五十嵐監督は「え？　だって、楽しいでしょ？」って愉快そうにしてるだけなんですけど(笑)。

ダビングはどのように進みましたか？

若林　現場の熱量をダイレクトに注ぎ込むだけでは、試聴者さんが置いていかれちゃうこともあるので、作り手と受け手の盛り上がりが共鳴していくようにアレンジしながら進めています。というのが基本なんですけど、五十嵐監督はダビングの場でも「この鍋にこれ入れたら、もっとおいしくなんない？」とか思いついてしまうので(笑)。「もう味濃いよ？」「でも隠し味なら入れられるよね！」みたいなやりとりを延々やっています。このあいだもダビングしてるところに細谷(佳正)くんが顔を出してくれたんですけど、「すごい。見られてよかった」と語っていましたね。

第2クールの放送も楽しみです。

若林　制作に関わった皆さんには最終回を迎えるまで「文豪ストレイドッグス」劇団の一員のつもりでいてほしい、と思っているのですが、その劇団一同でよりすごいものを目指しますので、楽しみにしていただければ幸いです。

※ニュータイプ2016年8月号掲載のインタビューを再編集しました

Wakabayashi Kazuhiro

音響監督。五十嵐卓哉監督と数多くの作品でタッグを組むほか、
「もののけ姫」(1997)、「千と千尋の神隠し」(2001)などスタジオジブリ作品や、
「イノセンス」(2004)など押井守監督作品の音響監督を務める

岩崎 琢

音楽

「ソウルイーター」以来の五十嵐卓哉監督作への参加ですが、今回はどのように制作に入っていかれましたか？

岩崎　音響監督の若林（和弘）さんから劇伴に関するメニューリストが出たところで、打ち合わせしたのが最初です。五十嵐監督は非常に饒舌な方ですし、いろいろとお話ししていただきましたね。

音楽を感情に寄せるのか、画に寄せるのかというお話では、監督としては、感情に寄せたいということだったそうですが、でも、最終的には「岩崎さんらしい音楽であれば、僕はいいんです」ということになったとか。

岩崎　要するに、細かな指示うんぬん以前に、このチームで行くぞと顔合わせすることが何よりの目的なんですよね。僕は僕で、いろんな人からのいろんなオーダーを耳にしつつも、それをあまり正面から捉え過ぎないでいることも大切だと考えています。どんな現場にも言えることですけど、すべての意見を取り入れていくと、結果、何でもないものに仕上がってしまうのが常ですから、そこは気をつけないといけません。

岩崎さんの中でどのように「文スト」の音が固まっていったのでしょう？

岩崎　まずPV第1弾の音楽をつくるところから入ったのですが、完成したPVを観た瞬間に「あ、この音じゃダメだ」と思いました。原作を読むと、大正から昭和初期の時代の影を引きずっているようなモノクロやセピア調のイメージがあったんですけど、でも現代劇でもあるじゃないですか。だから、アニメではそこにどんな色づけをしていくのだろうかと気になっていたんですけど、PVを見て五十嵐監督のビジョンもはっきり見えました。それで、このまま劇伴をつくっていったら、画に負けてしまうと思った。なのでPV第1弾で提示した音楽の方向性は一旦全部破棄して、また一から、この世界観に対して音楽はどうあるべきなのかを、深く考えていきました。

放送開始前に劇伴音源を聴かせていただいたとき、率直にこれは相当面白いことになる、と感じました。どう映像に織り込まれていくことになるのか想像つかないような、挑戦的な楽曲もあります。

岩崎　相当面白いことにする、ということしか考えてませんでしたからね（笑）。大正の雰囲気といえばジャズって、わりとみなさんが考えることじゃないですか。でも、それをそのままやっていても、世界観に広がりを持たせられない。だから、直球のジャズはやっていませんし、特にいわゆるバップとかモダンジャズみたいなのは今回絶対にやらないと決めていました。サックスもけっこう使っていますが、生でサックスを入れている楽曲ほど実はジャズじゃないという構築です。つまり、大正＝ジャズ＝サックスというような一般的なイメージをひとつの足場にしているんだけど、そこから後ろ向きに蹴飛ばしてみたり、いろいろしている。そうすることで、よくある〝アニメ音楽〟から離れて、基本的にはカラフルだけど、くすんだアンダーグラウンドな空気の漂う世界を表現していきました。

音づくりのポイントとなっているのは？

岩崎　何をやるかではなくて、何をやらないかを決めることがポイントでした。さっき言ったモダンジャズもそうだし、画がカラフルだからといって、EDM（エレクトロニック・ダンス・ミュージック）みたいな4つ打ちもやらないとも決めました。それをやったら面白くないだろう、という道を封じることで方向性を絞っていくわけです。現代性の部分も、いわゆるシンセサイザー的なあしらいをするのではなく、ノイズであったり、「これ放送できるのかな？」というようなエッジの効いた音とか、マニアックなカッティングを施してニュアンスを出しています。

五十嵐監督とのお仕事の刺激とは？

岩崎　変にヒネくれたものではなくて、ある種のわかりやすさのあるポップなものに落とし込みたい、という思いを感じました。五十嵐監督って、ストレートな熱血少年っぽいメンタリティを持つ方で、対して、僕の音楽は真っ直ぐではないし、決して相性がいいというわけではないと思うんですよ。でも、だからこそ画と音が合わさったときに生まれる新たなものがあるといい、と思っています。まあ、世代も近いですし、僕が気づいてない部分で、すごく呼応しているところも実はあるんだろうなという気もしているんですけどね。作品と向きあっていくということは、ときに血反吐を吐くような作業になります。実は「ソウルイーター」のときに僕は終わった後に立てなくなるほど身体を壊したんですよ。だから、今回もそうなったらヤだなあと思いつつ（笑）、覚悟して臨んでいます。

※ニュータイプ2016年6月号掲載のインタビューを再編集しました

Iwasaki Taku

作曲家、編曲家。五十嵐卓哉監督作品へは「ソウルイーター」（2008）に続き2度目の参加となる。
ほか「天元突破グレンラガン」（2007）、「ヨルムンガンド」（2012）、
「ノラガミ」（2014）など多くの作品の音楽を担当する

STAFF COMMENT

スタッフコメント

Question

1 「文豪ストレイドッグス」を担当するにあたって心がけたこと、大切にしたことは?

2 「文豪ストレイドッグス」の作品としての魅力は?

3 「文豪ストレイドッグス」で一番好きなキャラクターは?

ヒラタリョウ

プロップデザイン、サブキャラクターデザイン

1 主要な登場人物と並んだときに違和感のないサブキャラクターになるよう心がけていました。
主人公たちほど目立ったり華があるわけではないけれど、ちゃんと同じ世界にいるように見えてくれれば嬉しいです。

2 登場人物ひとりひとりにそれぞれ見せ場があり、みんな違った格好よさがあるのがいいと思います。

3 中島敦。一生懸命に生きている感じが好きです。
質問とは少しずれてしまうかもしれませんが、自分が一番欲しい異能も敦のもの。怪我をしたときにすぐ治るのはいいなあと思います。

近藤由美子

美術監督

1 監督から、現代の横浜だけども新しい建物の感じにしたくないとのお話があったことと、
原作のイラストの色使いが素敵なので、なるべくその雰囲気に添うように、ノーマルの色味を少しセピアに振って、色を沈めて、少しレトロに見えるようにしました。

2 どのキャラクターもとても個性的で茶目っ気があって、お話のテンポがいいとこが好きです!
そして春河さんの描く絵が、色気があって大好きです!

3 中原中也です。双黒コンビのやり取りがすごく楽しい。ずっと見ていたいです。

菅野宏紀

総作画監督

1 太宰のコートのボタンとボタンの穴(よく忘れちゃう)。

2 漢字の勉強になります。

3 賢治くん推し(同郷なので)。

後藤ゆかり

色彩設計

1 原作のシックで落ち着いた雰囲気の色の感じを損なわない様に気をつけています。

2 文豪の名前の付いたキャラクターが異能バトルするところ。

3 中原中也。戦闘能力が高いのに小柄なところかな。

片貝文洋

銃器デザイン

1 「私たちの世界と非常によく似た異世界」を表現するために、ぎりぎり実在しそうで、でもありえない形を作ること。

2 異能を軸にした登場人物の関係。

3 泉鏡花。
口数少ないが一言一言が可愛らしい。

熊野はつみ (KUSANAGI)
美術監督補佐

1 五十嵐監督の作られる世界観と美術監督の近藤さんの描く美術ボードからそれないように本編の背景を草薙の背景チームで作っていくことが課題でした。横浜に行って原図と近いアングルの写真を撮ってきたり、とてもいい経験ができました。

2 魅力的なキャラクターたちがシリアスもギャグも派手なアクションもこなしてくれるところが見ていて飽きないです。

3 樋口さんと与謝野さん。
2人とも強い大人の女性で好きです。

神林 剛
撮影監督

1 美しいキャラと情景と派手なエフェクトのメリハリを大事にする。

2 多彩なキャラクターたち。

3 芥川。なんか気の毒になってきた。

草野 剛
デザイン

1 原作が持つデザインのトーンはもちろん大切にしました。それから、五十嵐監督が組み立てるイマジネーションを如何に再現できるか……が最重要課題でした。キャラクターデザインの新井さんが描く、魅力的なイラストをどのように演出するべきか……こちらもとても大切なことでした。

2 外連味あるアクション、対立構造、各々が抱える思い……リソースとしての文学……いろいろ魅力が詰まっています。監督をはじめスタッフの皆さんの思いや考え、技術がとっても魅力的です!

3 江戸川乱歩。異能と言っても過言ではない才能……超推理。自由奔放。傍若無人。少年のようなルックスや振る舞いも魅力的です!

西山 茂
編集

1 異能力バトルの切れ味を「編集」でどれだけ増幅できるかということです。
「笑い」あり「涙」ありのドラマを大切にした上で、バトルの切れ味がカタルシスを生み出す。そこが編集マンとしてのテーマでした。

2 名だたる文豪たちがアニメキャラクターとなり縦横無尽に動き回る。それもどこか情けなかったり、どこか憎めなかったり、また共感できたりする。それはかの文豪たちの作品群に触れるような楽しさがあることです。

3 与謝野晶子。スタイリッシュで男勝りの女医。持病があるので主治医になってほしい。

鈴木麻里
アニメーションプロデューサー

1 中島敦と探偵社、ポートマフィアとそれぞれのキャラクターたちが形作る〝疑似家族〟的な関係性を大事にしたいと思っています。

2 どこか「普通」には生きられない、危うさが魅力的なキャラクターと、その中で真っ直ぐに成長していく敦。

3 福沢諭吉。
あんなに個性的な社員をまとめている。尊敬します!!

倉橋静男
西佐知子
音響効果

1 コミカルとシリアスが共存する作品なので、音で差別化できるよう心がけました。

2 実在した文豪をキャラクター名に使用しているところ。
名前だけでキャラクターに個性が出ているので斬新だと思いました。

3 (倉橋)宮沢賢治。麦わら帽子が田舎っぽくて可愛らしい
(西)太宰治。毎回様々な表情変化があり、国木田いじりを心の底から楽しんでいる姿が面白いと思います。

CAST COMMENT

キャストコメント

Question

1 「文豪ストレイドッグス」の作品としての魅力は?

2 「文豪ストレイドッグス」で演じたキャラクターの魅力は?

3 「文豪ストレイドッグス」第1クールで印象に残っているストーリーは?

神谷浩史

江戸川乱歩 役

1 いろいろありますが、誰もが知っている文豪モチーフのキャラクターたちが、ボンズの五十嵐組によって動く、というのがアニメ「文豪ストレイドッグス」の最大の魅力だと思います!

2 異能力バトルを謳っている本作、並びに武装探偵社において、1人だけ「ものすごいただの人」というのが、僕が乱歩の好きなところです!

3 乱歩的には超推理が炸裂した第5話を推したいところですが、第11話で練って食べるお菓子を泉鏡花に作らせておいて、自分で食べちゃうシーンが印象に残っています!

豊永利行

谷崎潤一郎 役

1 過去の偉人たちがモデル、といいつつそれぞれのキャラクターとしての際立ちが非常にオリジナリティ溢れる作品だなと感じていました。
アニメーションになることにより、やはりアクションシーンは目を見張るものがありましたね。

個人的には街並みなどの細かさがとても情緒溢れていて好きです。

2 ナオミちゃんに迫られている時は割と自由度が高いので、かなり遊ばせていただいた記憶があります(笑)。
気配り上手で、意外に仕事もできる優秀な子なんだなーとも思いました。

人情味溢れる谷崎くんを演じることができて、改めてよかったなと感じています。

3 ナオミに迫られている各シーンは……具体的に一体何をされているんだろう……?
と、妄想を膨らませながら演じていたなーという印象があります(笑)。

あとは鏡花ちゃんと敦くんが出会うシーンが印象的です。

個人的に結構、衝撃的でした(笑)。

細谷佳正

国木田独歩 役

1 横浜という限られた地区でストーリーが進んでいくので、密度の濃い物語になったと思います。
敵対勢力との関係もはっきりしていて、そこに過去の因縁があったり、武装探偵社の過去の人間関係などを色濃く描いている所が、玄人感の滲む仕上がりになっていたと思います。

カットで説明し過ぎないところや、台詞にインパクトをもたせ過ぎない作り方が、すごく楽しい作業でした。

お約束的なドタバタシーンでの演技に苦労はありましたが、とても楽しい時間でした。

2 辛いこと、裏切られたこと、叶わなかったこと、哀しみ、怒り……。
その反動が、国木田独歩の表面というか、一見してわかるポーズの様な佇まいを作り出したのだなと、演じていく中でわかっていきました。

馬鹿みたいに純粋に人を信じていた人間が、大事な人の裏切りや、大きなショックによって変わってしまうといった出来事の連続が、彼の態度のようなものを作り出したといいますか……。

いつまでも純粋ではいられないし、清濁併せ持っていくものだなと、国木田独歩にとても人間味を感じます。

厚みと、歴史と、人生みたいなものを、アニメーションの話の展開から感じました。

振り返ってみて、すごく面白かったし、大好きです。

3 蒼き王のお話です。
こうやって国木田独歩は国木田独歩になったのか……と思わせられるからです。

小見川千明

谷崎ナオミ 役

1 初めて原作を拝読したときに文豪たちの特徴や作品の世界観をギュッと詰めこんだキャラクターたちに心躍りました。元の良さを活かしつつ新しい形で文豪を現代に蘇らせてくれた作品だと感じていましたので、オーデションに合格したと連絡を受けたときは本当に嬉しかったです。
原作の美麗さや迫力がアニメになってさらに広がったように思っています。太宰さんと敦君たちのコミカルなやりとりや各キャラクターのアドリブが楽しめるのはアニメならではですし、実際に異能力を発動するとこうなるのか!という発見もアニメの良さですね。

原作もアニメもそれぞれの良さがあるので、どちらも楽しんでいただけたら幸いです。

2 私が演じさせていただいているナオミちゃんは実在する人物ではなく、谷崎潤一郎の著書『痴人の愛』に出てくる女の子です。原作に出てくるナオミの魅力的な部分を超!濃縮!したのが『文スト』のナオミちゃんだと捉えていますので、その魅力を活かしきれるか心配でした。
特に【妖艶】な部分はどうすればいいんだろう?と吐きそうな思いでしたが、五十嵐監督に「小見川ならできると思っているよ」と収録前に声をかけていただいて気持ちが楽になり、楽しくナオミちゃんを演じることができました。むしろ今は楽しすぎます!

先輩方のお芝居に助けられているのも大きかったです。キャスト・スタッフさん含め、『文豪ストレイドッグス』は刺激と学ぶことが多い素敵な現場なので大好きです。

3 第3話の敦くんと芥川さんのバトルがとても印象に残っています。異能力・羅生門の圧倒的な強さVS敦くんの心の強さという構図にとても心打たれました。
異能力を持っているからこそ力の強さだけが全てではないと、己を乗り越えていく敦くんに勇気付けられました。

小山力也

福沢諭吉 役

1 中学、高校、多感な時代に親しんだ数々のお名前、作品も甦ってきますねえ。『山月記』なんて、冒頭、暗記して、クラスで読み上げたりしてましたもんねえ。そんな懐かしい思い出の作家さんたちが、勇者となって出現して活躍してくれるんですから、たまりませんよねえ!　特殊能力も、いろいろモチーフ盛り盛りで、楽しいですよねえ!　格好も、スタイリッシュで凛々しいですよねえ!

2 数々の勇者、能力者を束ねる、孤高のボスですよ!　こんないい役、なかなかないですよ!(もうちょっと、出番が、あの……、台詞が多いと、活躍の場が、もうちょっとあると、更にいいのになあと、あの……)

3 鶴の一声、ピシリと決める、この快感よ!　視線厳しく、心温かく、仲間を思う優しさよ!　いよいよ強敵と渡り合う、この身の引き締まり方よ!　金で動かぬ、この美しさ、潔さ、この決意の確かさよ!(か、カッコええなあ!)

花倉洸幸

宮沢賢治 役

1 コミカルとシリアスのシーンの差が絶妙なバランスで描かれていて、見ていてとても心地がいい作品だと思いました!
異能力発動のシーンがアニメーションにしかできない表現で、特に第1話での太宰治の「人間失格」はとても格好よく描かれていて、これから始まるであろう異能力バトルを予感させてくれてドキドキしました。

また、僕は元から原作コミックの読者だったのですが、アニメを見て与謝野先生が好きになりました!

劇中で「命を大事にしないやつはぶっ殺してやる!」というセリフがあるのですが、それを収録現場で嶋村さんの生セリフを聞いたとき、めちゃくちゃ可愛い!とすっかりトリコになってしまいました。

2 最初、賢治くんは感情表現が豊かな子のイメージがあったのですが、演じさせていただいて誰に対しても平等であり逆に起伏がほとんどない子なんだなと感じました。
空気を読まないのではなく、空気を読めないという彼独特の感情表現に苦労しました。

3 敦と鏡花のデートする回の、鏡花ちゃんが豆腐を食べている姿が可愛すぎてもう……。
クレープを見たときの表情もたまりませんでした!

敦のお茶漬けのシーンもですが、『文豪ストレイドッグス』は食事をしているシーンが可愛くてお気に入りです。

嶋村侑

与謝野晶子 役

1 素敵な原作が、アニメになってエンターテイメント性が増したのと、敦の成長が、敦の瞳が、魅力だと思います(*^_^*)

2 役をいただいたときは、考えてしまって、かえってよくわからなかったけど。
この人は、大人の女性で、色々乗り越えた末に「強くて、格好いい人なんだな!」と思いました。

3 敦と鏡花ちゃんのデートの回だったかな、敦が自分で動いて、自分がここにいてもいい意味みたいなものを見つけようとするシーンが、誰にとっても大切なことのような気がして、印象に残っています。

CAST COMMENT

キャストコメント

Question

1 「文豪ストレイドッグス」の作品としての魅力は?

2 「文豪ストレイドッグス」で演じたキャラクターの魅力は?

3 「文豪ストレイドッグス」第1クールで印象に残っているストーリーは?

瀬戸麻沙美

樋口一葉 役

1 異能力者が、とんでもなく強いところだと思います。そして、探偵社のみなさんの勢いのある掛け合いが好きでした。収録時は速くて大変そうだなと感じていたのですが、OAで見てみると心地良くて。

2 自分が力で劣っていることも、その相手に守られているのもわかっているけれど、あなたの力になりたいし、守りたい。相手を思うことは、なぜこうもセツないのでしょう。

3 探偵社にのりこんだ黒蜥蜴が、あっと言う間にコテンパンにされてしまったお話が好きでした。前半であんなに強そうな演出がなされていたのに、探偵社のみなさんお強い一っ!っていうコントのようなオチが待つ展開が面白かったので。

諸星すみれ

泉鏡花 役

1 それぞれのキャラクターの生い立ちや抱えている思いや、武装探偵社とポートマフィアが対立の関係にある中で、キャラクター同士の繋がりや因縁などが丁寧に描かれているところが、この作品の魅力だと思います。タイトルや異能の名前などが原稿用紙に書き出されるのが、文豪っぽくてかっこいいので気に入っています。

2 心を失くして人生を諦めていた少女が、敦に出会い少しずつ心を開いていく過程を演じる部分が、難しくもあり楽しくもありました。敦とのデートのときに見せた天真爛漫さが、女の子らしくて可愛いなと思いました。

3 鏡花が初登場した第8話がとても印象に残っています。「私の名は鏡花。35人殺した。」と繰り返すことが、懺悔や後悔の気持ちを込めて自分を戒めているようで切なかったです。現場でディレクションを受けながら、自分の中で鏡花の感情を深く考えて収録に臨むことができたので、「もう1人だって殺したくない」というセリフが私自身も苦しいような、言えてスッキリしたような気持ちになりました。

谷山紀章

中原中也 役

1 かつて実在した文豪達を擬人化(!)するというアイディア。
各々の作品名を必殺技に当てがうセンス。豪華な(一部除く)声優陣。

クオリティの高いOP(一部除く)、ED。

2 エレガントなチンピラってとこでしょうか。人を蹴ったりドツいたりするのが大好きな人
なんだけど、小物っぽくならないように気をつけました。

なんせ人気キャラ(笑)。あと、なんか話が通じそうなトコは魅力。

3 ストーリーというか、あの中也のセリフ……原作とアニメで大きく変更されちゃってるシーン。
なぜスベらされた中也……不憫。

そうだよアニメスタッフ。次はなくってよ!!

羽多野渉

梶井基次郎 役

1 迫力のアニメーション表現と、個性豊かな登場人物たち。
小気味良い会話のテンポと音楽のセンス。

大人も楽しめる作品なのが魅力ではないでしょうか!

2 知を求めて純粋であるということ。
それ故の彼のエキセントリックさは、短い登場シーンからも窺えるかと思います。

3 やはり第1話。
ぐいぐいと物語に引き込まれ、『文豪ストレイドッグス』の世界にどっぷり浸からせてくれるような引力を感じました!

スタッフさんたちの愛を感じますね。

愛といえば……梶井回の作画もアフレコ時から大きく変わっていて、僕のお芝居に合わせて表情を加えてくださったとか。

愛ですね!!

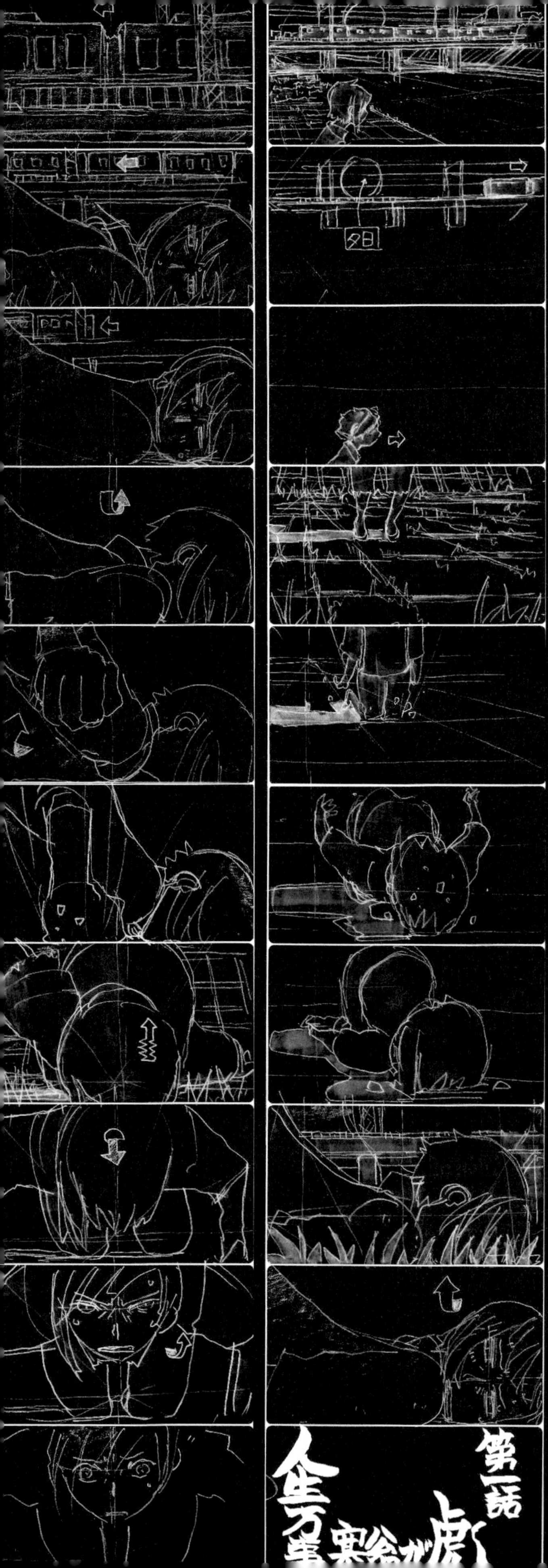

文豪ストレイドッグス

第1クール

STAFF

原作 朝霧カフカ

漫画 春河35

監督 五十嵐卓哉

シリーズ構成・脚本 榎戸洋司

キャラクターデザイン 新井伸浩

総作画監督 新井伸浩・菅野宏紀

銃器デザイン 片貝文洋

プロップデザイン・サブキャラクターデザイン ヒラタリョウ

美術監督 近藤由美子

色彩設計 後藤ゆかり

撮影監督 神林剛

編集 西山茂

音楽 岩崎琢

音響監督 若林和弘

音響制作 グロービジョン

アニメーション制作 ボンズ

CAST

中島敦 上村祐翔

太宰治 宮野真守

国木田独歩 細谷佳正

江戸川乱歩 神谷浩史

谷崎潤一郎 豊永利行

宮沢賢治 花倉洸幸

与謝野晶子 嶋村侑

谷崎ナオミ 小見川千明

福沢諭吉 小山力也

芥川龍之介 小野賢章

中原中也 谷山紀章

梶井基次郎 羽多野渉

樋口一葉 瀬戸麻沙美

泉鏡花 諸星すみれ

森鴎外 宮本充

文《ぶん》豪《ごう》ストレイドッグス
公《こう》式《しき》ガイドブック　開《かい》化《か》録《ろく》

監修 文豪ストレイドッグス製作委員会

2016年9月17日　初版発行
2017年4月25日　第5刷発行

装丁 草野剛（草野剛デザイン事務所）

本文デザイン 野網雄太、深山貴世（Better Days）

編集・執筆 高見澤秀、岡田勘一（マイストリート）

執筆 青木逸美、杉山智代、松田孝宏
ワダヒトミ、キツカワトモ

編集 大野咲紀

編集長 角清人

協力 鈴木麻里、柴田亜矢、渡木翔紀、蓮井隆弘（ボンズ）
加藤浩嗣、伏嶋夏希、倉兼千晶、弓岡雅子、
兄部萌柚子、清原誠巳、間野由美子、松坂豊明
（KADOKAWA）

発行者 青柳昌行

発行 株式会社KADOKAWA
〒102-8177 東京都千代田区富士見2-13-3
TEL 0570-002-301（カスタマーサポート・ナビダイヤル／
受付時間9:00～17:00／土日、祝日、年末年始を除く）
http://www.kadokawa.co.jp/

編集企画 コミック&キャラクター局
ニュータイプ編集部

印刷・製本 大日本印刷株式会社

落丁・乱丁本は、送料小社負担にて、お取り替えいたします。

KADOKAWA読者係までご連絡ください。

（古書店で購入したものについては、お取り替えできません）

TEL049-259-1100（受付時間9:00～17:00／土日、祝日、年末年始を除く）

〒354-0041　埼玉県入間郡三芳町藤久保550-1

ISBN 978-4-04-104870-2 C0076

【描き下ろし】
カバー
原画＝菅野宏紀　仕上＝梅崎ひろこ

【再録】
p8-9　ニュータイプ2016年1月号
原画＝新井伸浩　仕上＝後藤ゆかり　背景＝近藤由美子　特効＝神林剛・龍角里美

p32-33　ニュータイプ2016年9月号
原画＝伊藤嘉之　仕上＝後藤ゆかり　背景＝近藤由美子　特効＝龍角里美

p82-83　ニュータイプ2016年7月号
原画＝舛田裕美　仕上＝後藤ゆかり　背景＝近藤由美子　特効＝神林剛

p110　ニュータイプ2016年4月号、5月号
イラスト＝春河35

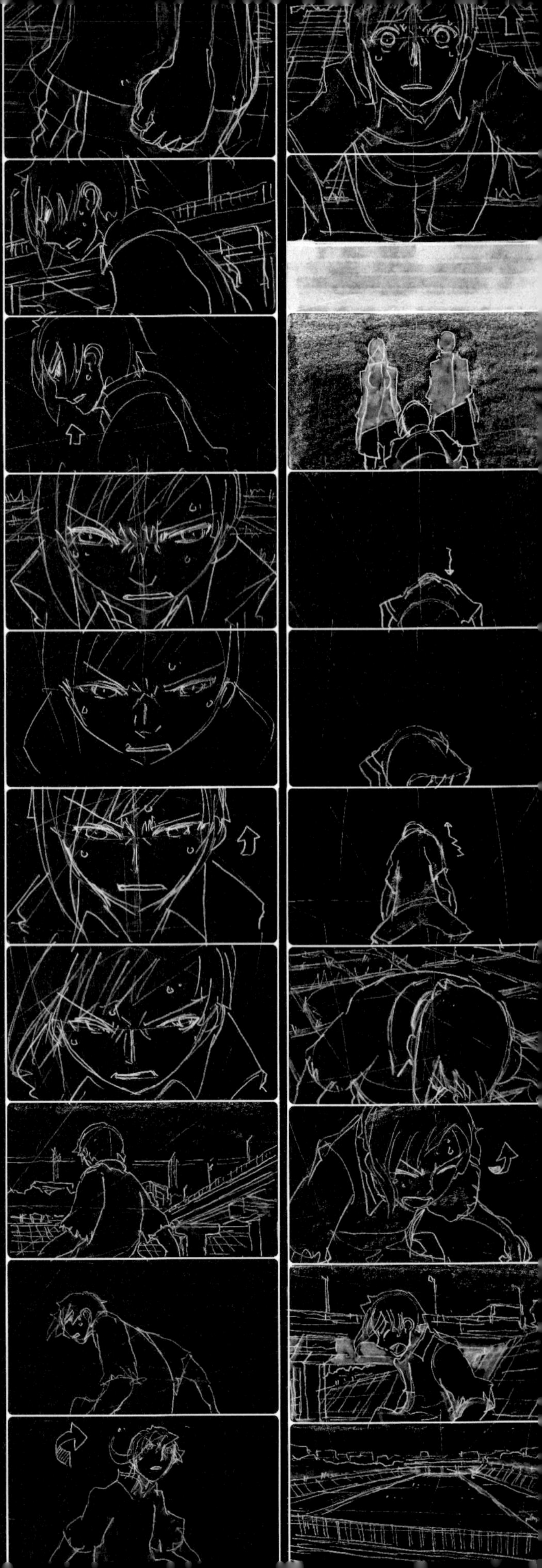